인권 운동의 희망

마틴 루터 킹!

마틴 루터 킹

인권 운동의 희망

자음과모음

차례

1장

흑인도 사람입니다

어떤 사람은 부자이고
어떤 사람은 가난하고

한 흑인 소년이 어머니의 손을 잡고 5번 가를 걷고 있었다. 조지아 주 애틀랜타의 중심부인 5번 가는 유명한 흑인 문화의 발상지였다.

"엄마, 저 사람들은 무얼 하고 있는 거예요? 저기 가 봐요. 무슨 재미있는 일이 있나 봐요."

소년이 가리킨 곳은 빵집 앞이었다. 빵집 앞에는 수백 명의 사람들이 길게 줄을 서 있었다.

"마틴."

소년의 이름은 원래 마이클 킹 주니어(2세)였다. 아버지와 이름이 똑같았기 때문이다. 그런데 아버지 마이클 킹 시니어(1세)가 이름을 마틴 루터 킹으로 바꾸는 바람에, 마틴 루터 킹 주니어가 된

것이다.

무슨 재미있는 구경거리가 있는 줄 알고 잔뜩 신이 난 소년이 어머니의 손을 잡아끌자 어머니는 슬픈 얼굴로 소년을 불러 세웠다.

"재미있는 일이 있는 게 아니란다."

"그럼 왜 사람들이 저렇게 줄을 서 있어요?"

"빵을 사려고 그러는 거야."

마틴은 1929년 1월 15일에 태어났다. 1929년은 유명한 대공황이 시작된 해였다.

제1차 세계대전이 끝난 후 미국의 경제는 매우 빠르게 성장하였다. 그러나 1929년 무렵, 물건들이 지나치게 많이 생산되어 더 이상 팔리지 않게 되자 수많은 기업들이 망하고, 노동자들은 일거리를 잃은 채 거리로 쏟아져 나왔다. 대공황이 시작된 것이다.

대공황 시기에는 누구나 힘들었지만, 그 중에서도 흑인들의 사정은 더욱 어려웠다. 애틀랜타에 거주하는 흑인의 65퍼센트는 실직 보험금으로 생활했고, 수많은 소작인들이 농토를 찾아 고향을 등지고 낯선 땅으로 떠나갔다.

빵집 주인이 가게로 밀고 들어오는 사람들을 내몰고 빵집 문을 닫자, 길게 줄을 서 있던 사람들이 우르르 빵집 문 앞으로 몰려들었다.

"이거 봐! 빵을 줘! 빵을 달란 말이야!"

사람들은 아우성을 치며 빵집 유리문을 두드렸다.

"엄마, 왜 빵을 안 파는 거예요?"

"오늘 만든 빵을 다 판 모양이구나. 밀가루가 부족해서 빵을 많이 만들지 못했겠지."

"그럼 저 사람들은 어떻게 해요?"

어머니는 한숨을 내쉬며 대답했다.

"굶겠지. 저렇게 굶는 사람들이 많단다. 그러니 우리는 감사한 마음으로 식사를 해야 해."

마틴은 골똘히 생각에 잠겼다. 얼마 전 마틴도 저녁을 굶은 적이 있었다. 먹을 게 없어서가 아니라 배탈이 난 탓이었다. 다음날 새벽 마틴은 배가 고파서 잠에서 깨어났다. 너무 이른 시간이라 어머니를 깨울 수도 없어서 아침 식사 때까지 기다렸는데, 정말 괴로운 시간이었다. 빵집 앞에 몰려든 수많은 사람들도 내일 아침까지 그렇게 괴로운 시간을 보내야 할 것이다. 어쩌면 그들은 내일 아침에도 먹을 게 없을지 몰랐다.

마틴은 눈물을 글썽이며 어머니에게 물었다.

"엄마, 저 사람들은 일을 안 하나요? 왜 빵도 먹지 못하는 거예요?"

"지금은 일거리가 없어서 일을 하지 못하는 사람이 많지. 하지만 대공황이 아닐 때에도 굶는 사람들은 많았단다. 노동자들은 열심히 일을 해도 가난하지. 미국은 자본주의 사회이니까."

이제 겨우 다섯 살인 마틴은 어머니의 말을 이해할 수 없었다.

"엄마, 왜 노동자들은 아무리 일해도 가난한 거죠? 자본주의란 나쁜 건가요?"

"글쎄, 자본주의 시대가 아닐 때도 세상에는 언제나 가난한 사람들이 있었단다."

"왜 그렇죠? 왜 어떤 사람은 부자이고 어떤 사람은 가난해요? 부자들이 조금씩 나눠주면 모두 다 굶지 않을 수 있잖아요?"

"그러게 말이다. 세상 사람들이 모두 우리 마틴처럼 착하다면 굶는 사람도 없을텐데……."

어머니는 부드러운 손으로 마틴의 머리를 쓰다듬었다.

"엄마, 우리 빨리 집으로 가요!"

마틴은 급하게 어머니의 손을 잡아끌었다.

"왜 그러니? 서두르지 않아도 되는데……."

"저기 제 친구 존의 아버지가 계세요. 존의 아버지도 빵을 구하지 못했나 봐요. 제가 먹을 빵을 존에게 주려고요. 괜찮지요, 엄마?"

"그럼, 괜찮고 말고."

어머니는 자신의 몫까지 마틴의 손에 쥐어주었다. 마틴은 신이 나서 존의 집으로 달려갔다.

그날 밤 빵을 먹지 못한 마틴은 배가 무척 고팠다. 그러나 마음만은 누구보다 풍요로웠다.

찬송가를 부르는 소년

햇살이 눈부시게 빛나는 전형적인 애틀랜타의 여름날이었다. 예배 시간이 되자 사람들이 하나둘 5번 가 언덕 위에 있는 에베니저 교회로 모여들기 시작했다. 하나같이 검은 피부의 사람들이었다. 5번 가에 사는 흑인들은 누구 하나 빠지지 않고 모두 에베니저 교회의 일요일 아침 예배에 참석했다. 예배에 참석해서 신나게 몸을 흔들며 찬송가를 부르고 설교를 듣는 것이 흑인들에게는 유일한 즐거움이었다.

목사가 단상에 섰다. 목사의 이름은 마틴 루터 킹, 마틴과 이름이 똑같은 아버지였다.

원래 에베니저 교회는 마틴의 외할아버지인 윌리엄스 목사가 세운 교회였다. 윌리엄스 목사가 에베니저 교회를 맡아 달라고 했을 때 킹 목사는 처음에 거절했다. 교회를 탐내어 유명한 목사의 딸과 결혼했다는 뒷말을 들을까 염려했기 때문이다. 그러나 마틴이 태어난 지 얼마 되지 않아 윌리엄스 목사가 심장마비로 죽자, 킹 목사는 그의 뒤를 잇지 않을 수 없었다.

"여러분, 하나님께서는 우리들에게 젖과 꿀이 흐르는 가나안 땅을 약속하셨습니다."

킹 목사의 말이 한 구절씩 끝날 때마다 청중들은 '아멘!' 하고 외쳤다. 어디선가 흐느껴 우는 소리도 들렸다. 흑인들은 일주일 동안 백인들에게 당했던 한을 그렇게 해소하는 것이었다.

잠시 후 마틴이 단상으로 나갔다. 피아노 앞에 앉아 있던 어머니 앨버타가 고개를 끄덕이자, 마틴은 배꼽 앞에 두 손을 모으고 노래를 부르기 시작했다. 마틴이 가장 좋아하는 노래 〈예수와 같이 되고 싶네〉였다. 다섯 살짜리 마틴이 부르는 블루스 풍의 찬송가에 맞춰 청중들은 발을 구르며 박수를 쳤다.

예배가 끝나자 마틴은 교회 앞에 서서 돌아가는 사람들에게 인사를 했다. 한 아주머니가 다가와 마틴의 등을 다정하게 두드렸다.

"마틴, 정말 훌륭한 노래더구나. 나는 네 노래만 들으면 왜 이렇게 눈물이 나는지 모르겠다. 가슴 속의 슬픔이 다 씻기는 것 같구나."

아주머니의 눈에는 아직도 눈물이 고여 있었다. 아마 지난 주 어떤 백인에게 몹시 힘든 일을 당한 모양이었다.

마틴은 눈물을 훔치며 멀어져 가는 아주머니를 바라보면서 굳게 다짐했다.

'아무도 울지 않는 세상을 만들거야!'

마틴의 아버지는 백인이 자신에게 함부로 대하고, 그렇게 행동하는 것을 당연하게 생각하면 조금도 굽힘 없이 그들에게 항의하곤 했다.

"그런 말투는 맘에 들지 않습니다. 다시 말해 주십시오."

아버지가 이렇게 당당하게 요구하면 백인들의 태도는 달라졌다. 아버지가 백인을 대하는 것을 보면서 마틴은 백인들의 요구대로 다 들어주면 안 된다는 것을 자연스럽게 알게 되었다.

아버지는 보통 사람들보다 몸집이 훨씬 더 컸다. 어린 마틴은 아버지를 바라보며 거인 같다는 생각을 했다. 아버지를 더 크게 느끼게 하는 것은 아버지의 내면이었다. 아버지는 언제 어디서나 두려움 없이 자신만만하게 행동했다. 그런 아버지를 옆에서 지켜보면 마틴은 가슴이 뿌듯했다. 핍박당하는 흑인들의 정신적 지주였던 윌리엄스 목사를 아버지로 둔 마틴의 어머니 역시 마찬가지였다. 그런 부모 밑에서 자라난 마틴은 흑인이라서 갖게 되는 열등감과 불만이 싹틀 틈이 없었다.

아버지는 가끔 마틴에게 할아버지 이야기를 해 주었다.

"백인 농장 주인은 우리 가족을 못살게 괴롭혔단다. 그리고 힘들게 일한 몫을 다 주지 않고 속였어. 그 사실을 알게 된 나는 분통이 터져서 할아버지에게 달려갔지."

할아버지에게 달려간 아버지는 이렇게 말했다.

"아버지, 이렇게 참고 있을 수는 없잖아요!"

그러나 할아버지는 담담한 표정이었다.

"어쩌겠니? 저들에게 잘못 보였다가는 쫓겨날텐데……."

평생 노예로 살아온 할아버지는 백인들에게 당하고 사는 일을 당연하게 받아들였다. 그러나 아버지의 생각은 달랐다.

'더 이상은 못 참아! 여기를 떠나야 해. 사람 대접을 받지 못하고는 살 수 없어.'

아버지는 작은 마을 스톡블리지를 떠나기로 마음먹었다.

애틀랜타로 간 아버지는 18세란 늦은 나이에 고등학교 과정을 공부했다. 그리고 모어하우스 대학에 진학하는 데 성공했다. 혼자 힘으로 공부를 마친 아버지는 에베니저 침례교회 목사가 되었다.

청소년 시절부터 이렇듯 옳지 않은 일을 보면 그냥 넘기지 못했고, 흑인으로서 받는 모욕을 참지 못했던 아버지는 주위 사람들에게 존경과 두려움의 대상이었다.

"난 자네 아버지 앞에만 서면 긴장이 된다네."

마틴이 자라면서 자주 듣던 말이었다. 아버지는 누가 잘못을 저지르면 그 자리에서 호통을 쳤다. 윗사람이고 아랫사람이고 가리지 않았다. 어떤 경우에도 순하게 돌려 말하는 법이 없었다.

목사인 아버지 밑에서 자라면서 마틴은 자신을 행운아라고 여겼다. 몸도 마음도 풍요로운 어린 시절을 보낼 수 있었기 때문이다. 아버지의 수입이 많은 것은 아니었지만, 검소하게 생활했기 때문에 살아가는 데 별 문제는 없었다.

아버지는 마틴의 든든한 버팀목이었다. 어려움이 생겨도 아버지만 떠올리면 걱정이 사라졌다. 때때로 흑인이라는 것이 두렵게 느껴질 때도 있었지만, 백인들 앞에서도 당당한 아버지를 보면 곧 마음이 가라앉았다. 마틴은 아버지처럼 굳센 흑인이 되고 싶었다.

교회는 마틴에게 아주 친숙한 공간이었다. 제2의 집과도 같았다. 어린 시절부터 그는 교회에서 친구를 사귀고, 즐겁게 놀면서 지냈다. 그때까지만 해도 그는 성서에 나오는 모든 내용을 그대로 믿고 따르는 밝고 천진한 소년이었다. 그러나 주일학교에서 성서를 공부하면서 의문이 싹트기 시작했다.

'아무도 죽었다가 다시 살아난 사람을 보지 못했잖아?'

'예수님의 부활이 진실일까?'

주일학교에서 마틴의 의문을 풀어 줄 사람은 아무도 없었다. 주일학교 교사들의 학력이 대부분 낮았기 때문에 성서의 깊은 뜻을 제대로 설명하지 못했다. 그의 머릿속은 해결되지 않은 물음표들로 가득했다. 아버지가 목사였지만 그런 것들을 물어보기는 쉽지 않았다.

그 무렵 마틴의 개구쟁이 동생이 계단 난간을 타고 미끄러져 내려오다가 그만 외할머니와 부딪치는 사건이 일어났다. 외할머니는 충격을 받고 쓰러져 정신을 잃었다. 마틴이 깜짝 놀라 달려갔다.

"할머니! 돌아가시면 안 돼요!"

마틴은 할머니가 돌아가실까 봐 엉엉 울었다.

'내 잘못이야. 알프레드가 늘 저렇게 장난을 치는데도 내버려뒀어. 내가 따끔하게 야단을 쳤더라면 이런 일이 없었을텐데…… 할머니가 돌아가시면 어떡해.'

마틴은 눈물을 흘리며 2층 창문으로 달려갔다. 죄책감 때문에 그는 창문 밖으로 몸을 던졌다. 소스라치게 놀란 어머니가 달려왔다.

"마틴!"

다행히 마틴은 상처 하나 나지 않고 멀쩡했다. 어머니는 안도의 한숨을 쉬며 아들을 끌어안았다.

"마틴, 왜 그랬니?"

"엄마, 외할머니가 나 때문에 돌아가시면 어떡해요?"

"할머니는 괜찮으실 거야. 잠깐 기절하신 거란다. 이건 우연한 사고일 뿐이야. 너 때문이 아니야. 너 자신을 그렇게 괴롭힐 필요가 없어."

외할머니는 곧 깨어났다. 마틴은 놀란 가슴을 쓸어내렸다. 그러나 자신이 잘못했다는 생각에는 변함이 없었다. 며칠 동안 그의 얼굴에서는 어두운 그늘이 가시지 않았다.

마틴은 누구보다 책임감이 강한 아이였다. 그는 동생들이 잘못한 일도 모두 자신이 잘 보살피지 못한 탓으로 여겼다. 그래서 부모는 그가 잘못을 한 경우에도 나무랄 수가 없었다. 누가 뭐라고 하기도 전에 스스로 자신을 나무라고 있었기 때문이다. 오히려 자책이 너무 심해서 걱정이었다.

그로부터 몇 달 뒤 외할머니가 큰 병으로 입원을 했다. 마틴은 위독한 외할머니 옆을 떠나지 않았다.

어머니가 걱정스러운 표정으로 말했다.

"마틴, 좀 쉬어야 하지 않겠니?"

"괜찮아요. 전 외할머니 곁에 있겠어요."

"마틴, 그러지 말고 밖에 나가 산책이라도 해. 좀 전에 병원에 오다 보니까 시가 행진을 하던데 구경하러 가는 게 어때?"

시가 행진이라는 말에 마틴은 귀가 번쩍 띄었다.

'하지만 외할머니가 저렇게 누워 계시는데…….'

마틴의 마음을 눈치 챈 어머니는 마틴의 등을 떠다밀었다.

"엄마가 있으니까 괜찮아. 빨리 나갔다 와."

마틴은 어머니가 떠미는 대로 병실을 나왔다. 그러면서도 마음 한쪽에서는 할머니 옆에 있어야 한다는 생각이 떠나지 않았다.

거리는 시가 행진을 위해 모여든 사람으로 가득 차 있었다. 마틴은 이런 분위기가 좋았다. 신이 난 마틴은 외할머니 일을 잠시 잊고 사람들 뒤를 따라 걷기 시작했다.

병원에 돌아왔을 때는 이미 한밤중이었다. 병실 문을 여는 순간 마틴은 자신이 돌이킬 수 없는 잘못을 저지른 것을 눈치챘다. 여러 사람들이 병실에서 눈물을 훔치고 있었다. 그 사이 할머니가 세상을 떠난 것이다.

마틴은 죄책감 때문에 몸을 가눌 수 없었다. 외할머니를 이제 볼 수 없다는 슬픔도 견딜 수 없었다.

'내 잘못이야. 내가 외할머니 곁을 떠나지 않고 있었더라면…….'

마틴은 외할머니가 위독한데 시가 행진 따위에 정신을 팔았던 자신을 용서할 수 없었다. 마틴은 소리를 지르며 창문 쪽으로 달려갔다.

"외할머니!"

마틴은 울부짖으며 창 밖으로 뛰어내렸다. 마틴은 땅바닥에 뒹굴며 울었다. 차라리 어딘가 부러지기라도 해서 아프면, 그렇게 벌이라도 받으면 좋을 것 같았다.

'외할머니, 죄송해요. 외할머니 옆에서 지켜드리지 못하고…….'

외할머니는 손자들 중에서도 유난히 마틴을 아꼈고, 그도 외할머니를 무척 좋아했다. 늘 함께 웃고 다정하게 이야기를 나누던 외할머니가 세상에 없다는 사실을 받아들일 수 없었다. 그는 갑작스럽게 다가온 슬픔에서 벗어나지 못하고 있었다.

"이 세상에서의 삶이 끝은 아니란다. 외할머니는 천국에서 널 지켜보고 계셔. 우리는 모두 죽은 뒤에 하나님 곁으로 가게 되는 거야. 그럼 외할머니를 다시 만날 수 있어."

어머니는 흐느끼는 아들의 머리를 쓰다듬으면서 위로했다. 어머니의 말이 그때처럼 가슴 깊이 파고든 적은 없었다. 그 순간, 마음이 맑게 개는 것 같았다. 그동안 품었던 종교적인 의문들도 순식간에 모두 풀렸다.

'그래, 외할머니는 천국에 살아 계셔. 나중에 우리는 만나게 될 거야.'

그날 밤 어머니는 걱정스러운 얼굴로 킹 목사에게 말했다.

"마틴을 그냥 두어도 괜찮을까요? 뭐든지 다 자기 잘못으로 돌리고 괴로워하니 옆에서 지켜보기가 안쓰러워요. 무슨 일을 저지를지 걱정도 되고요."

그러자 킹 목사는 빙그레 웃었다.

"마치 예수님 같지 않소? 예수님도 우리 죄를 대신 짊어지고 십자가에 매달리셨지. 마틴의 마음이 너무 순수해서 그러는 것이니 염려하지 말아요. 하지만 녀석이 높은 데로 올라가지 못하도록 감시는 해야 할 것 같소. 지금까지는 2층이라 괜찮았지만, 높은 데로 올라가서 또 뛰어내리면 큰일이니 말이오."

너랑 놀지 말래

마틴이 여섯 살 되던 해였다. 초등학교에 입학하던 날, 마틴은 학교 운동장에서 두리번거리며 누군가를 찾았다. 식료품 가게 아들인 쌍둥이 백인 친구가 보이지 않았기 때문이다.

학교에서 돌아오는 길에 마틴은 쌍둥이 백인 친구 집으로 달려갔다. 친구 어머니가 문을 열었다. 여느 때와 달리 눈길이 싸늘했다. 마틴이 집 안으로 들어가려고 하자 친구 어머니는 앞을 가로막았다.

"이제부터 너희들은 같이 놀 수 없으니까, 우리 집에 놀러 오지 마! 어디, 깜둥이가……."

백인 친구의 어머니는 다짜고짜 이렇게 말하고는 문을 쾅 하고 닫아 버렸다. 마틴은 한동안 멍하니 서 있었다. 때마침 집으로 돌아오던 백인 친구가 그를 보고 다가왔다. 마틴은 반가운 마음에 조금 전의 일은 까맣게 잊고 한 걸음에 달려갔다.

"야, 너 왜 학교 안 왔어?"

"우린 백인 학교에 가야 해."

친구는 마틴의 눈길을 피하며 말했다.

"그래? 학교에 같이 다닐 수 없겠네. 하지만 괜찮아, 방과 후에 놀면 되지 뭐."

"아니, 이제 너랑 놀 수 없어."

백인 친구가 머리를 가로저었다.

"왜? 어디로 이사 가니?"

"아니, 너는 흑인이잖아. 나는 백인이고⋯⋯."

"그게 무슨 상관이야? 너는 백인이고 나는 흑인이지만 지금까지 좋은 친구였잖아."

"너랑 어울리면 학교에서 백인 친구들이 손가락질할지도 모른 대. 난 놀림까지 받으면서 너하고 놀고 싶진 않아."

백인 친구의 말에 마틴은 아무 대꾸도 하지 못한 채 두 주먹을 불끈 쥐고 집으로 내달렸다. 자꾸만 눈물이 났다.

마틴의 이야기를 들은 어머니는 아들의 어깨를 감싸주었다.

"그 애 잘못이 아니다. 그 애 부모님 잘못도 아니다."

"도대체 왜 그런 거죠? 얼마 전까지만 해도 아무 일 없었잖아요. 왜 갑자기 놀아선 안 된다는 거죠?"

"지금 세상은 흑과 백으로 나뉘어져 있단다. 백인들은 우리 흑인을 같은 인간으로 생각하지 않아. 우리가 이런 세상을 바꾸어야 한단다. 울고 있을 때가 아니야. 울음을 그쳐라."

어머니 곁에서 잠자코 있던 아버지가 화를 참으며 떨리는 목소리로 말했다.

"친구잖아요. 친구인데 어떻게……."

"백인들은 흑인과 친구가 될 수 없다고 생각한단다."

마틴은 온몸이 부들부들 떨렸다. 이제껏 상상도 하지 못한 낯선 세상이었다. 그는 도무지 이해할 수 없었다. 흑인이라는 이유로 이제껏 친하게 지내던 친구와 헤어져야 한다니…….

"말도 안 돼요!"

마틴은 터져 나오는 울음을 꾹 참고 자기 방으로 들어갔다. 어머니와 아버지는 아들의 방 쪽을 물끄러미 바라보았다. 마음에 깊은 상처를 받은 아들에게 해 줄 수 있는 것은 아무 것도 없었다.

그것은 시작일 뿐이었다. 흑인으로 태어난 사실을 슬프고 치욕스럽게 느껴야만 하는 일들은 곳곳에서 일어났다.

마틴이 아버지와 신발을 사기 위해 신발 가게에 들렀을 때였다. 손님들이 많아서 의자에 앉아 차례를 기다려야 했다. 무심코 빈 의자에 자리를 잡았을 때 백인 점원이 다가와 뒤쪽을 가리키며 말했다.

"손님, 저쪽에 앉아 기다리십시오."

"여기 앉아 기다리겠습니다."

"흑인들은 여기 앉으면 안 됩니다. 규칙입니다."

그들이 앉은 의자는 백인들만 앉을 수 있는 의자였던 것이다.

"그것이 규칙이라면 난 여기서 신발을 사지 않겠습니다."

아버지가 단호하게 말하자, 백인 점원은 아니꼽다는 듯 아버지를 흘겨보았다. 아버지는 굳은 얼굴로 마틴의 손을 잡고 가게를 나왔다.

"이런 불평등한 세상을 바꿔야 한다."

아버지의 얼굴은 상기되었고, 목에는 힘줄이 도드라져 있었다. 이처럼 화난 모습을 보는 것은 처음이었다. 마틴은 흑인의 비참한 지위를 피부로 느꼈다. 하지만 백인 친구에게 절교당했을 때보다는 마음이 덜 아팠다. 마틴은 자신이 나아갈 길에 대해 곰곰이 생각했다.

당시 미국에서는 인종차별이 심했다. 흑인들이 많이 사는 애틀랜타는 가장 진보적인 곳이라고 알려져 있었지만, 이곳의 흑인들 또한 처지가 다르지는 않았다.

흑인들은 백인 학교에 입학할 수 없었다. 수영장을 이용할 수도 없었고 공원에도 갈 수 없었으며 극장에도 갈 수 없었다. 흑인을 위한 전용 극장이 따로 있었지만, 그곳에서는 새로 개봉하는 영화는 상영하지 않았다. 햄버거나 커피 한 잔도 자유롭게 살 수 없었다. 흑인들만 다니는 화장실도 따로 있었다. 그것이 그 당시 자유의 상징이라는 미국의 현실이었다.

남북전쟁이 끝나고 노예해방이 선언되었지만, 흑인들은 여전히 백인들과 똑같은 인간이 아니었다. 까만 피부로 태어난 이유만으로 흑인들은 노예와 다를 바 없이 살아가고 있었다. 많은 흑인들은 그러한 차별을 너무나 당연한 것으로 받아들였다. 아버지 때에도 할아버지 때에도 그랬다. 처음부터 세상은 늘 그러했기 때문이다.

어깨를 펴라!

마틴의 부모님은 아들의 마음을 아프게 하지 않기 위해 거짓말을 할 수도 있었다. 하지만 그들은 흑인들의 처지에 대해 감추지 않았다.

'마틴이 큰 후에도 세상은 달라지지 않을 거야. 그렇다면 지금부터 세상이 어떤 곳인지를 알아야 해.'

마틴의 어머니는 항상 어른을 대하듯 진지하게 아들을 대했다.

"마틴, 오래 전부터 우리 흑인들은 노예였단다. 할아버지도 노예였다는 건 알고 있지?"

고통 받는 흑인들의 정신적 지주였던 윌리엄스 목사는 여느 흑인들처럼 노예 출신이었다. 노예해방이 되고 나서 노예 윌리엄스는 목사가 되었지만, 세상의 불평등은 쉽게 고쳐지지 않았다.

애틀랜타에서 1906년 대규모의 폭동이 일어나 수많은 흑인들이 백인들에게 학살당한 일도 있었다. 그 후 밤이면 흰 복면을 뒤집어쓴 KKK단(인종 분리를 주장하는 백인 폭력단체)이 백인 목사를 앞장세운 채 보란 듯이 거리를 누비고 다니며 흑인들을 폭행하거나 잡아가곤 했다.

흑인들은 밤이면 KKK단이 무서워서 집 밖에 나갈 수조차 없었다. 마틴의 어머니 앨버타는, 밤마다 창가에 붙어 서서 KKK단의 횡포를 지켜보던 윌리엄스 목사를 지금도 생생하게 기억하고 있었다.

"나쁜 놈들! 하나님께서 결코 너희들을 용서하시지 않을 것이다."

윌리엄스 목사는 어린 딸 앨버타를 일부러 창문 앞에 데리고 가서 KKK단의 횡포를 보여주기도 했다.

"잘 보렴. 저게 우리들의 현실이다. 그러나 언젠가는 바뀌게 될 것이다. 우리가 반드시 그렇게 만들고 말거야."

그러나 윌리엄스 목사가 꿈꾸던 세상은 아직도 오지 않았다. 앨버타는 아버지 윌리엄스와 똑같은 말을 아들에게 들려 줄 수밖에 없었다. 앨버타는 마틴이 차별을 받고 기가 죽어 있을 때마다 엄격한 목소리로 말했다.

"마틴, 언제 어디서든 당당함을 잃어서는 안 된다. 너는 몰라서 실수를 했을 뿐이야. 죄를 진 게 아니란다. 고개를 들렴.”

어머니의 말에 마틴은 고개를 들었다.

“어깨도 펴라.”

마틴은 어깨를 펴고 어머니를 바라보았다.

“피부가 검다고 백인들이 업신여겨도 결코 기가 죽어선 안 돼.”

백인들에게 매일같이 모욕을 당해야 하는 흑인이지만, 어머니는 아들에게 언제나 자기 자신을 존중하도록 가르쳤다. 마틴이 피부색이 검은 것을 부끄럽게 여기지 않는 당당한 흑인으로 자란 것은 어머니의 가르침 덕분이었다.

어느 날 마틴은 어머니를 따라 한 상점에 들어갔다. 어머니가 물건을 고르는 사이, 한 백인 여자가 마틴에게 다가와 다짜고짜 뺨을 때리며 소리쳤다.

“이 검둥이 녀석, 왜 남의 발을 밟는 거야!”

“저는 가만히 있었는데…….”

“이 뻔뻔한 녀석 좀 봐, 썩 꺼지지 못해!”

백인 여자는 눈을 부라리며 윽박질렀다. 마틴은 어쩔 줄 모르고 울먹였다. 아이가 누명을 쓰고 맞아도 흑인이기 때문에 누구 하나 말리지 않았다. 정말 이해할 수 없었다.

‘하늘은 파랗고 구름은 하얗고 석탄은 검다. 세상의 모든 것들이 저마다 색깔이 다른데, 왜 피부색이 다르다고 멸시할까?’

마틴이 맞닥뜨린 세상은 이해하지 못할 것들로 가득 차 있었다.

뒤늦게 어머니가 달려왔지만, 마틴을 때린 백인 여자는 이미 가버리고 없었다. 마틴은 눈물을 글썽이며 어머니에게 물었다.

"까만 건 나쁜 거예요?"

어머니는 허리를 굽혀 마틴의 얼굴을 똑바로 바라보며 말했다.

"피부 색깔로 사람을 평가하는 이들의 말에 마음 상하지 말아라. 흑백을 나누어 차별하는 제도는 옳지 않아. 사람은 누구나 고귀한 존재란다. 그러니까 그 제도는 없어져야 하고, 반드시 없어질 거야. 난 피부가 검으니까 그 정도는 참아야 한다고 생각하면 안 돼. 절대로 창피하게 여겨서도 안 돼. 네 안에는 누구보다 뛰어난 것들이 가득 차 있어. 어떤 어려움이 닥치더라도 그걸 잊지 마. 네 안에는 빛나는 보석이 들어 있단다."

어머니는 단어 하나하나에 힘을 주어가며 말했다. 어머니는 마틴이 나중에 커서 상처받거나 기죽지 않고 백인과 똑같은 당당한 인간으로 성장하기를 진심으로 바랐다. 그러나 그런 어머니도 자기 아들이 나중에 목숨을 걸고 인종차별 철폐 투쟁을 벌이리라고는, 그리고 바로 그 때문에 흑인 차별이 없어지게 되리라고는 상상하지도 못했다.

버스 안의 다짐

열네 살 때인 어느 날, 마틴은 더블린에서 열린 웅변대회에 선생님과 함께 참가했다. '흑인과 헌법'이라는 주제로 연설한 마틴은 상을 받고, 흐뭇한 마음으로 애틀랜타로 돌아오는 버스에 올라 자리에 앉았다. 다음 정거장에서 백인 몇 명이 올라탔다.

흑백 차별은 버스에서도 마찬가지였다. 백인들은 버스 앞쪽에 앉고, 흑인들은 뒤쪽에 앉아야만 했다. 흑인들을 백인들의 앞에 앉힐 수 없다는 이유 때문이었다. 앞 자리가 비어 있어도 흑인들은 빈 자리를 바라보며 서서 가야 했다. 반면 백인들은 어디에나 앉을 수 있었다. 앞의 백인 좌석이 다 차면 뒤에 앉아 있는 흑인들이 백인들에게 자리를 양보해야 했다. 어처구니 없는 일이었지만 그때는 그

것이 당연한 일이었고 법이었다.

　새로 탄 백인들은 앉을 곳이 없자 뒤쪽으로 와서 마틴 곁에 섰다. 하지만 그는 일어나지 않았다. 웅변대회에 참가하느라 긴장해서 무척 피곤하기도 했고, 늦게 탄 백인들이 먼저 앉아 있는 흑인의 자리까지 넘보는 게 못마땅하기도 했다. 그러자 운전사가 버럭 소리를 질렀다.

　"거기 검둥이, 자리 양보해!"

　다른 날이었으면 일어섰을 것이다. 그러나 그날 마틴은 흑백 차별과 흑인들의 권리 쟁취에 대해 목청껏 연설을 하고 돌아오는 길이었다. 마틴은 꼼짝 않고 버티었다.

　"이 검둥이 녀석이 귀가 먹었나, 얼른 일어서!"

　운전사의 입에 담지 못할 험한 욕이 버스 안을 뒤흔들었다. 백인들이 빈정거리며 마틴을 노려보았다. 선생님이 마틴을 타일렀다.

　"일어서자. 나쁜 법이지만 그래도 법은 지켜야 한다."

　결국 마틴은 자리에서 일어섰다. 흑백 분리법이 지켜지고 있는 애틀랜타에서는 그게 곧 법이었던 것이다. 백인들의 따가운 눈길이 온몸에 느껴졌다. 그는 주먹을 꼭 쥐었다.

　"세상에, 어디서 검둥이들이……."

　백인들은 빼앗긴 자리를 비로소 찾았다는 듯한 표정을 지었다. 그들은 자리에 앉아 저희들끼리 웃고 떠드느라 정신이 없었다. 흑

인들에게 감정 따위는 존재하지 않는다고 믿는 것 같았다. 마틴은
애틀랜타에 도착할 때까지 치욕과 분노를 삼키며 서 있어야 했다.

'잊지 않겠어. 두고 보자. 내가 꼭 이 세상을 바꾸고 말테야.'

그의 다짐은 그의 몸의 뼛속으로, 심장으로, 실핏줄 하나하나로
스며들고 있었다.

백인을 사랑하라고?

어느 날, 아침 식사 시간이었다. 여느 때처럼 아버지는 식탁 앞에 앉아 기도를 올리고 있었다.

"하나님, 죄를 저지르고 있는 백인들을 용서하여 주시옵소서. 우리가 미움에 물들지 않고 그들을 사랑하게 하시옵소서……."

아버지의 기도가 끝나기도 전에 마틴이 자리에서 벌떡 일어섰다. 갑자기 일어서는 바람에 의자가 쾅당 소리를 내며 나뒹굴었다. 가족들은 모두 놀란 눈으로 마틴을 쳐다보았다.

"저는 못 해요, 아버지! 어떻게 백인을 사랑하라는 거죠? 우리들을 벌레처럼 짓밟는 백인을 어떻게 사랑하라는 거에요? 백인들은 어린 아이들의 순진한 우정까지도 짓밟는 몹쓸 사람들이라고요.

그들은 우리의 적이란 말입니다! 저는 그들과 싸우겠어요! 그들을 사랑하지 않겠어요!"

아버지는 언제나 백인도 흑인처럼 사랑하라고 일렀다. 어린 시절에 마틴은 아버지의 말이니까 당연히 옳은 거라고 믿었다. 하지만 이제는 아버지의 말을 도무지 이해할 수 없었다. 버스 안에서 백인들에게 모욕을 당했던 마틴의 상처는 시간이 흐른 뒤에도 아물지 않았다. 마틴은 더 이상 어린아이가 아니었다. 변성기가 시작되어 목소리가 굵어지고 세상에 대해 관심이 많아지는 사춘기를 겪고 있었던 것이다.

킹 목사는 말없이 아들을 바라보다가 나직이 말했다.

"앉아서 식사나 하렴. 그래, 지금 백인들은 우리의 적이지. 하지만 하나님께서는 적도 사랑하라고 하셨다. 백인을 사랑하는 것도 기독교인의 의무란다."

"그럼 사랑하고 용서하고, 이대로 당하며 살란 말인가요?"

"그렇게 말하지는 않았다. 사랑하며 싸워라. 백인들도 우리와 똑같은 인간이다. 우리 흑인을 미워하면서 사실은 그들도 괴로울 게다. 인간으로서 못할 짓을 하고 있는 것이니까. 그들을 진정한 하나님의 자녀로 거듭나게 하기 위해 싸우란 말이다. 그들을 꺾기 위해 싸우지 말고."

마틴은 그제야 자리에 앉아 포크를 들었다. 아버지의 말을 이해할 수 있을 것도 같고 이해할 수 없을 것도 같았다.

'사랑하며 싸운다는 게 정말 가능한 일일까?'

마틴은 자신이 없었다. 그러나 그날 저녁 아버지가 들려 준 말은 그의 가슴 깊은 곳에 새겨졌다.

분노 대신 희망을

담배 농장은 끝이 없었다. 저 지평선까지 아득하게 초록빛 담뱃잎이 어른거렸다. 마틴은 이마의 땀을 훔치며 담뱃잎을 따고 있었다.

"이봐, 마틴. 그러다 쓰러지겠어. 좀 쉬자고."

함께 일하는 동료 데이브가 마틴에게 시원한 물을 건넸다. 데이브는 백인이었다. 여름방학을 이용해 마틴이 일하고 있는 코네티컷 주 심즈베리 농장에는 백인들도 많았다. 돈이 없는 가난한 백인의 처지는 흑인과 그리 다르지 않았다. 피부색뿐만 아니라 돈도 차별을 만들어내는 원인이었다.

마틴은 심즈베리에서 전혀 다른 세상을 만났다. 코네티컷 주는 애틀랜타와 달리 흑백 차별이 심하지 않았다. 애틀랜타에서는 돈

많은 흑인이라도 좋은 식당에 출입할 수 없었는데 이곳에서는 달랐다. 돈만 있으면 검은 사람이든 흰 사람이든 어느 곳이나 자유롭게 출입할 수 있었다. 돈 많은 흑인들이 당당하게 고급 식당에 들어가는 모습을 가난한 백인들이 부럽게 바라보는 것을 구경한 적도 있었다.

코네티컷의 백인들은 흑인들에게도 다정하게 대했다. 마틴은 동료 백인 일꾼들과 친하게 지냈다. 백인과 친구가 된 것은 다섯 살 이후 처음이었다. 일요일이면 마틴은 심즈베리 교회에 갔다. 그곳에서는 검은 사람, 흰 사람이 좌석 구별 없이 뒤섞여 예배를 보았다.

마틴의 가슴 속에 희망이 움트기 시작했다. 애틀랜타가 세상의 전부는 아니었던 것이다. 백인과 흑인이 자유롭게 어울려 살아가는 세상도 있었던 것이다. 백인 동료들과 함께 땀 흘려 일하고 함께 목욕을 하고 나서 저녁을 먹을 때면 마틴은 이곳에서 영원히 살고 싶다는 생각을 하곤 했다. 이곳에서라면 언젠가 태어날 자기 아이들이 자신과 같은 괴로움을 겪을 일은 없으리라고 믿었다.

개학을 앞두고 마틴은 고향으로 돌아가기 위해 워싱턴행 기차에 올라탔다. 인종과 상관 없이 원하는 좌석에 앉을 수 있는 기차였다. 그러나 워싱턴에 내려 애틀랜타행 기차로 옮겨 타자 다시 흑인 전용 칸에 타야 했다. 식당 칸에도 흑백 분리용 칸막이가 설치되어 있었다.

담배 농사를 짓고 받은 돈으로 햄버거를 사 먹으며 마틴은, 자신
이 있어야 할 곳은 코네티컷이 아니라 애틀랜타라는 사실을 절실
히 깨달았다. 만일 코네티컷 주로 이사 간다면 자기 한 몸은 편히
살 수 있을 것이다. 그러나 애틀랜타의 흑인들은 여전히 인종차별
에 시달릴 것이다. 세상의 어떤 흑인이 차별 때문에 시달린다면, 그
것은 결코 남의 일이라고만 할 수 없었다.

마틴은 식당 칸에서 산 햄버거를 들고 있는 자기 손을 내려다보았다. 그 손 역시 검었다. 피부 빛깔이 검은 누군가의 괴로움은 곧 마틴 자신의 괴로움이었다.

'나는 언제 어디에서건 단 한 명의 흑인이라도 차별받고 있다면, 그 사람 곁에서 차별에 맞서 싸울 거야.'

흑백 분리용 칸막이를 바라보는 마틴의 눈빛에는 아무런 분노도 담겨 있지 않았다. 분노 대신 그의 눈에 어른거리는 것은 희망이었다. 마틴은 모든 차별이 없어지는 세상, 칸막이가 필요 없는 세상을 생각했다. 그의 눈앞에 흑인과 백인이 손을 잡고 다정하게 껴안은 모습이 떠올랐다. 그제야 마틴은 '백인을 사랑하는 것이 기독교도의 의무'라던 아버지의 말을 이해할 수 있었다. 가슴 속에서 분노가 사라지고 희망이 생기자, 그는 어느 새 백인을 미워하고 있지 않았다. 다만 넘어야 할 벽을 보고 있을 뿐이었다.

2장

평등한 세상을 향한 발걸음

미래에 대한 고민

　1944년 9월 20일, 마틴은 모어하우스 대학에 입학했다. 동급생보다 두 살 어린 열다섯 살 때였다.

　모어하우스 대학에서 마틴은 오랫동안 깊이 생각해 오던 인종 문제에 대해 처음으로 자유롭게 토론할 수 있었다. 그가 꿈꾸던 세계였다. 어려서부터 인종차별과 경제적 불평등에 관한 수많은 책들을 탐독하며 깊은 사색과 연구를 한 그로서는 이런 대학의 분위기가 정말 마음에 들었다. 그는 마음껏 책을 읽고, 교수와 친구들과 충분히 토론하면서 인종 문제를 해결하려는 의지를 더욱 다졌다.

　헨리 데이비드 소로의 사상은 그런 마틴에게 깊은 감명을 주었다. 사악한 제도에 협조하지 말아야 한다는 사상, 멕시코 내의 노예지구 확장을 위한 전쟁에 자금을 보탤 수는 없으므로 감옥에 가는 한이 있어도 세금을 낼 수 없다는 대담함을 갖춘 소신과 같은 소로의 비폭력 저항주의는 그에게 깊은 감명을 주었다. 그것은 '백인을 사랑해야 한다'는 아버지의 가르침과도 통하는 '사랑의 사상'이었다.

'오랫동안 만인이 지켜 온 제도를 없애려면 단순한 주장으로는 안 돼. 지금 내가 해야 할 일이 무엇일까?'

마틴은 '대학간 협의회'에 가입했다. 인종 평등의 실현을 위해 노력하는 단체였다. 이 단체에는 백인 회원들도 여럿 참가하고 있었다. 백인 모두가 흑인의 적은 아니었던 것이다. 자신이 차별을 받는 것도 아닌데, 자신의 일처럼 분개하고 고민하면서 인종 평등을 위해 싸우는 백인들! 그들을 만나면서 마틴은 백인들에 대한 원망과 증오를 완전히 거두었다.

여름방학 때면 마틴은 침대회사 창고지기 아르바이트를 했다. 그러면서 백인들과 자연스럽게 마주치는 기회를 가졌다.

'백인들의 사고방식이나 감성도 우리와 똑같구나.'

마틴은 흑인과 백인이 똑같은 인간임을 새삼스레 깨달았다.

'다른 게 있다면, 똑같은 일을 하고도 흑인이 받는 임금이 터무니없이 적다는 거야.'

마틴은 스스로 학비를 마련하기 위해 방학 때마다 갖가지 아르

바이트를 했다. 그 일은 돈을 벌면서 노동자의 삶도 체험하는 두 가지 효과를 거두었다. 책에서는 얻을 수 없는 소중한 경험이었다.

마틴에게는 모어하우스 대학에서 마음을 열고 사귄 아주 친한 친구 월터 매콜이 있었다. 월터와는 어떤 고민이라도 서로 털어놓을 수 있었다.

"난 성직자가 되기로 했어."

월터의 말에 그는 가슴이 쿵 내려앉는 것 같았다. 월터가 너무도 확신에 찬 목소리로 성직자가 되겠다는 결심을 말했기 때문이었다. 그 무렵 마틴은 의사와 법률가, 성직자 사이에서 마음을 정하지 못한 채 갈등하고 있었다.

"부럽다. 난 아직 여러 가지 의문이 있어. 공부를 하면 할수록 점점 더 모르겠어. 과학적인 사실들과 종교의 차이를 어떻게 받아들여야 할지……."

마틴이 한숨을 쉬자, 월터는 말없이 등을 토닥여 주었다.

마틴은 그동안 자신이 고민하던 문제를 털어놓았다.

"난 교회에서 살다시피 하며 자랐고 종교에 대한 지식도 누구 못지않다고 생각해. 그런데도 확신할 수 없어. 종교가 현대 사상을 받아들여 전파될 수 있는지, 사람들에게 정서적 안정감뿐만 아니라 훌륭한 사상으로서 지적인 충족감까지 줄 수 있는지 말이야. 고등학교 때부터 성직자가 되어야겠다는 생각을 해 왔는데 아직도 갈등이 심해. 알면 알수록 더 미궁으로 빠져드는 것 같아."

"기다려 봐. 조급하게 생각하지 말고. 시간은 충분해. 너라면 옳은 길을 곧 찾아낼 거야."

월터가 격려하자 마틴은 다시 힘이 솟는 것 같았다. 그는 자신이 가야 할 길을 찾기 위해 늘 정신을 깨워 두었다. 성서 연구 강좌를 들으면서 마틴은 이제껏 갖고 있던 갈등이 풀리는 듯한 느낌을 받았다.

마틴에게 이렇게 깊은 감명을 준 사람은 모어하우스 대학 학장인 메이즈 박사와 철학과 종교학을 전공한 조지 켈시 교수였다. 두 사람 다 목사로서, 독실한 신앙심과 높은 학식을 지니고 있었다. 현대 사상의 조류를 꿰뚫고 있는 두 사람의 삶이 아름답게 느껴졌다. 그런 삶이야말로 마틴이 지향해야 할 목표였다. 더 이상 망설일 게 없었다. 그런 성직자가 되어야겠다는 열망이 가슴 속에서 끓어올랐다.

마틴은 아버지에게 자신의 결심을 털어놓았다.

"아버지, 저는 아버지를 존경하면서 컸어요. 아버지처럼 성직자가 되겠다고 결심한 건 아닌데, 이제 와서 보니까 알게 모르게 아버지의 영향을 많이 받은 것 같아요. 온갖 의혹과 갈등을 이겨낸 것도 다 아버지 덕분이에요. 아버지 같은 숭고한 성직자가 되는 게 제 길이라는 걸 이제야 깨달았어요."

아버지는 흐뭇한 미소를 지으며 아들을 바라보았다. 자신을 존경한다는 자식의 말보다 더 부모를 기쁘게 하는 말은 없을 것이다. 부자는 서로 손을 맞잡았다.

백인 친구들

1948년 9월의 어느 맑게 갠 날 아침, 마틴은 넥타이를 매만지며 기숙사 창 너머를 바라보았다. 아름드리 나무들이 들어찬 정원에 눈부신 햇살이 쏟아져 내렸다. 어디선가 새 한 마리가 청아한 소리를 내며 하늘로 날아올랐다. 창 밖으로는 9월의 상쾌한 대지가 끝없이 펼쳐져 있었다. 마틴은 풀 냄새가 스며 있는 공기를 한껏 들이켰다.

이제 열아홉 살인 마틴이 머물고 있는 곳은 펜실베이니아 주 체스터에 있는 크로저 신학교였다. 이 신학교는 권위와 전통으로 이름 높은 최고의 신학대학이었다. 학생 수는 백여 명 정도였는데, 그중에 흑인은 대여섯 명에 지나지 않았다.

마틴은 방을 나서기 전에 자신의 차림새를 꼼꼼하게 살폈다. 그는 자신을 흑인 대표라고 생각했다. 그래서 옷차림이나 행동 같은 것에 무척 신경을 썼다. 자칫 잘못하면 자신만이 아니라 흑인 전체의 명예를 더럽히게 될 거라고 여겼기 때문이다. 다려서 입은 바지에는 칼날처럼 주름이 잡혀 있었고, 신발은 반들반들 윤이 났다. 그제야 마틴은 만족스러운 미소를 지으며 수업을 들으러 나갔다.

가슴 속에 늘 슬픔이 차 있던 흑인 소년 마틴은 크로저 신학교에서 흑인이 아닌 인간 마틴으로서 백인 친구들과 인종의 벽을 넘어선 우정을 쌓아가고 있었다. 조지아 주에서 온 듀프리 조단과 프랜시스 스튜어드는 가장 친한 친구들이었다. 이 두 친구는 마틴과 마찬가지로 피부가 다른 사람과 한 책상에서 공부한 적이 없었다. 처음에는 서로 어떻게 대해야 할지 어색했지만, 이들은 곧 마음이 통했다. 마음이 통하는 데에 피부 색깔은 아무런 문제도 되지 않았다.

물론 즐거운 일만 있었던 것은 아니다. 어느 날, 마틴은 친구 방에서 놀고 있었다. 잠시 후, 친구와 함께 방을 쓰는 노스캐롤라이나 주 출신의 백인인 짐이 돌아왔다. 짐은 방 안을 휘둘러보더니 느닷없이 총을 꺼내 마틴의 머리를 겨누었다.

"왜 이러는 거야?"

마틴은 조금도 당황하지 않고 정면으로 짐의 눈을 바라보며 물었다.

"그걸 몰라서 물어? 네가 내 방을 어지럽혔잖아! 더러운……."

말끝을 흐렸지만, 짐은 '더러운 검둥이같으니'라고 말하고 싶었을 것이다. 그러나 마틴은 그런 말을 듣고도 화내지 않았다.

'짐은 어릴 때부터 늘 그런 말을 하는 어른들 틈에서 자라났을 거야. 그래서 자기도 모르게 그런 말이 튀어 나왔을 거야.'

마틴은 이렇게 이해했다. 짐이 끝까지 말하지 않은 것이 오히려 고마웠다.

"내가 어지럽히지 않았어. 조단에게 물어 봐. 우리가 들어왔을 때 이미 방은 이렇게 어질러져 있었어. 흥분하지 말고 총을 내려놓지 그래?"

마틴이 너무나 침착하게 대응하자, 머쓱해진 짐은 총을 집어넣으며 밖으로 나가버렸다.

그 뒤로 짐은 미안했는지 마틴을 피하는 눈치였다. 그러나 마틴은 스스럼없이 짐을 대했다. 차츰 짐도 마틴에게 마음을 열었다. 졸업할 무렵에 짐과 마틴은 둘도 없는 친구가 되어 있었다.

신을 향한 순례

마틴은 명문인 크로저 신학교에서도 가장 뛰어난 학생이었다. 그는 의문이 생기면 그대로 넘어가지 않았다. 물음표가 마침표가 되는 순간까지 묻고 또 물었다.

이 시기에 마틴은 플라톤, 아리스토텔레스, 루소, 홉스, 벤담, 밀, 로크 등 유명한 사상가들의 이론과 사상을 깊이 연구했다. 월터 라우션 부시의 『기독교 신앙과 사회적 위기』는 그에게 깊은 영향을 주었다. 그는 '종교가 정신적인 구원과 함께 물질적인 구원도 해야 한다'는 주장에 크게 공감했다.

'맞아. 가난한 사람들의 문제를 해결하지 않고 영혼의 구원에만 집착한다면 종교는 무의미해. 소외당하는 계층의 문제에 관심을

갖고 함께 해결해 나가야 해.'

월터 라우션 부시의 사상은 마틴이 앞으로 어떤 성직자가 되어야 하는가에 대해 뚜렷하게 알려주었다. 그는 흑인들의 영혼만 위로하는 성직자가 되고 싶지는 않았다. 흑인들의 고달픈 현실도 변화시키는 그런 성직자가 되고 싶었다.

당시의 많은 사람들은 칼 마르크스의 사상에 깊이 빠져 있었다. 마르크스 사상이 모순에 가득 찬 자본주의를 극복하는 유일한 방법이라고 믿는 사람들도 있었다. 마르크스주의자들은 언제나 가난한 노동자들의 편이었고, 그 점에 있어서는 마틴과 다르지 않았다. 평등한 세상을 만들어야 한다는 그들의 주장 역시 마틴이 늘 꿈꿔오던 것이었다.

마틴은 신학생이면서도, 신을 부정하는 마르크스의 책들을 꼼꼼이 읽었다. 『자본론』, 『공산당 선언』을 탐독한 그는 유물론과 공산주의에 신의 존재가 끼어들 틈이 없다는 것을 깨달았다. 그는 '세계가 정신이 아닌 물질로부터 시작되었다'는 마르크스의 견해를 도저히 받아들일 수 없었고, '목적을 달성하기 위해서는 모든 수단이 정당하다'는 견해에도 동의할 수 없었다. 또한 공산주의는 평등을 위해 개인의 권리와 자유를 심각하게 침해하는 사상이었다.

그러나 마르크스의 책을 읽은 것이 시간 낭비는 아니었다. 어릴 때부터 관심을 가져 온 빈부 격차 문제에 대해 한층 더 깊게 인식하게 되었기 때문이다. 자본주의의 폐해 또한 공산주의 못지 않다는 것을 발견한 것도 마르크스 덕분이었다.

'자본주의는 아직도 빈부 격차 문제를 해결하지 못하고 있어. 사람들은 인생의 성공 여부를 얼마나 큰 돈을 벌었나에 두지. 보람 있는 삶, 봉사나 나눔과 같은 삶의 중요한 문제에는 관심이 없어.'

진정한 신과의 만남을 위해 정신적인 순례를 계속하던 마틴은 마침내 마하트마 간디와 만나게 되었다. 간디의 사상을 연구하면서 마틴은 온몸에 전율을 느꼈다. 간디 사상의 핵심은 '사랑의 힘(사티아그라하 : satyagraha)'이었다. 마틴은 이제껏 전쟁이 아무리 끔찍하더라도 더 큰 끔찍함을 막기 위해서는 필요하다고 생각했다. 그게 대부분 사람들의 생각이었다. 그러나 간디는 '전쟁이 아니라 사랑으로 세상을 뒤바꿀 수 있다'고 말하고 있었다.

간디의 사상은 마틴의 아버지 킹 목사가 늘 말하던 '원수를 사랑하라'는 성경 말씀과 일맥상통하지만 개념은 달랐다. 아버지의 말은 개인적인 차원인 반면 간디는 사랑의 힘을 통해 비폭력 저항을 이끌어 세상을 변화시킨다는 것이다.

마틴은 비로소 자신의 길을 찾았다. 그가 찾은 길은 전쟁과 죽음의 길이 아니라 평화와 사랑의 길이었다.

'그래, 진정한 평화주의는 악에 대한 무저항이 아니라 악에 대한 비폭력적인 저항이야. 가슴에 사랑을 품고 악에 대항하는 일, 바로

내가 가야 할 길이야.'

신학교 4학년이 되면서 마틴의 지적인 순례는 신학 이론으로 옮겨 갔다. 그의 사고는 더욱 깊어졌다.

마틴은 오늘도 크로저 신학교의 교정을 어슬렁거리며 걷고 있었다. 수업이 끝나면 하는 일 없이 교정을 거니는 것이 마틴의 오랜 습관이었다. 시험을 앞둔 학생들이 빠른 걸음으로 마틴의 곁을 스쳐갔다. 자기 방이나 도서관에 가서 공부를 하려는 것이었다.

"이봐, 마틴. 여기서 뭐 해? 시험 준비 안 해?"

한 친구가 걱정스러운 얼굴로 마틴을 불러 세웠다. 마틴은 빙그레 웃으며 대답했다.

"가서 열심히 공부하라고. 나는 여기서 하나님을 만나고 있을 테니까."

"하나님을 만난다고?"

마틴은 고개를 끄덕이며 숲 속으로 향했다. 잠시 의아한 표정을 짓던 친구는 이내 총총걸음으로 사라졌다. 시험 준비로 바빴던 것이다.

숲 속으로 들어가자 사람들 소리가 완전히 사라졌다. 바람결에 사각거리는 나뭇잎 소리와 저만치서 들려오는 물 흐르는 소리뿐이었다. 교정의 한쪽에는 델라웨어 강에서 뻗어 나온 작은 실개천이

흐르고 있었다.

마틴은 물가에 가만히 주저앉았다. 서쪽 하늘이 붉게 물들어 가고 있었다. 붉은 황혼은 작은 실개천 위로 그림자를 드리웠다. 작은 새들이 지저귀며 붉은 하늘로 날아오르거나 먹이를 문 채 나무 위의 둥지로 찾아들었다. 어두워지는 하늘에 흰 달이 슬며시 고개를 내밀었다. 꼼짝도 하지 않고 하늘과 물과 숲을 응시하던 마틴은 풍경의 일부가 된 듯했다.

찰랑거리는 물결의 움직임에서, 싱싱한 물고기의 은빛 비늘처럼 반짝이는 별들 속에서, 아침이면 동쪽 지평선을 발갛게 물들이며 떠오르는 태양 속에서, 거만한 여왕처럼 하늘을 가로지르는 달의 모습에서 마틴은 하나님의 숨결을 느꼈다.

자연 현상은 곧 하나님의 속삭임이었다. 캄캄한 어둠 속에서도 나무는 물을 먹고 쑥쑥 자라고 작은 벌레들은 치열한 생존의 전투를 벌였다. 그런데도 자연은 늘 평화롭게 조화를 이루고 있었다. 이름 없는 잡초에나 아름드리 가문비나무에나 똑같이 햇살이 닿았고 이슬이 닿았다. 숲 속의 모든 생명들은 하나님의 평등한 은혜 속에서 각자 자신의 개성을 발휘하며 아름답게 어울려 살아가는 것이다. 마틴 또한 그 숲의 일원이었다.

마틴은 크로저 신학교 교정의 구석구석을 샅샅이 훑고 다녔다. 교정에 대해서 마틴처럼 잘 아는 학생은 아무도 없었다. 그는 숲 속

어디쯤에 개미굴이 있는지, 지빠귀가 어느 나무에 둥지를 틀었는지, 몇 개의 알을 낳았는지, 지난밤에 내린 폭우로 어떤 나뭇가지가 부러졌는지, 제 손바닥처럼 잘 알고 있었다.

크로저 신학교의 교정은 마틴에게 하나님의 사랑이 충만한 하나님의 땅이었다. 그곳에서 마틴은 하나님을 만났고, 하나님 나라의 아름다움을 배웠다.

사람들은 마틴 루터 킹의 생애가 투쟁과 감옥살이로 이어진 고난의 길이었을 거라고 생각한다. 그러나 그의 마음 속에는 언제나 아름다운 하나님의 나라, 자연의 숨결이 고여 있었다. 평화로운 자연, 그것은 그의 천국이었고, 그가 투쟁을 통해 도달하고자 했던 유토피아였다.

간디가 필요하다

어느 날 밤, 마틴은 월터 매콜과 함께 자동차를 타고 델러웨이 강을 건너 뉴저지 주로 갔다. 모어하우스 대학 동창인 월터는 마틴보다 1년 늦게 크로저 신학교에 입학했다.

오랜만에 여자 친구들과 함께 드라이브를 즐긴 이들은 밤도 늦고 배도 고파서 어느 식당으로 들어갔다. 그런데 아무리 기다려도 웨이터가 나타나지 않았다.

"이거 딱지를 맞는 것 아니야?"

월터가 걱정스러운 얼굴로 주위를 둘러보며 말했다. 식당에는 온통 백인들뿐이었다. 마틴의 일행 네 명만이 검은 피부였다.

"어떻게 하지? 안 되겠다 마틴, 우리 다른 곳으로 옮기자."

그러나 마틴은 꿈쩍도 하지 않았다.

"그냥 능청스럽게 앉아 있는 거야. 결과야 어떻게 되든! 제 발로 쫓겨 나가는 건 아무래도 우습잖아?"

가게 주인은 주문을 받지 않으면 흑인들이 제풀에 나갈 거라고 생각한 모양이었다. 그런데 마틴 일행이 나갈 생각을 하지 않자 마침내 테이블로 다가왔다.

"안됐습니다만 다른 곳으로 가 보시죠."

그래도 네 사람은 움직이지 않았다. 고개를 흔들며 물러났던 주인이 다시 돌아왔다.

"나가 주시오!"

이번에는 명령조였다. 그래도 마틴 일행은 가만히 앉아 있었다. 그러자 주인이 벌컥 성을 내며 권총을 뽑아들었다. 그러고는 식당 밖을 향해서 마구잡이로 쏘아대는 것이었다.

식당에서 쫓겨난 마틴 일행은 경찰서로 달려갔다.

식당에 들어선 경찰관은 어리둥절해 하는 식당 주인을 체포했다. 마틴은 증인을 세우기 위해 식당에 있던 손님들에게 물었다.

"아까 보셨죠? 주인이 마구 총을 쏜 것 말입니다."

대부분의 백인 손님들은 그게 무슨 소리냐는 듯 고개를 돌려버렸다. 못 보았다고 딱 잡아떼는 사람들도 있었다. 누구 하나 증언을 하려 나서지 않았다. 그러자 경찰관은 주인을 다시 풀어주어야 할지 망설이는 눈치였다.

그때였다. 백인 청년 세 사람이 손을 번쩍 들었다.

"우리는 펜실베이니아 대학에 다니는 학생들입니다. 우리가 증언을 하죠. 저 사람들의 말이 맞습니다. 주인은 분명히 저 사람들을 내쫓으려 했고 총도 쏘았습니다."

유색인종 지위향상협회 캠던 지부는 뉴저지 주 공민권법에 의하여 가게 주인을 고발했다. 공민권법에 의하면 흑인들도 백인들과 똑같은 대우를 받도록 되어 있었다. 변호사는 마틴 일행이 승소할 것이라고 장담했다. 그러나 소송은 취하되고 말았다. 펜실베이니아 대학생 세 명이 증언을 거부한 것이다. 백인 단체로부터 '증언을 하면 가만 두지 않겠다'는 압력을 받은 게 분명했다.

당시의 미국에서는 일상적으로 벌어지는 수많은 일들 중 하나였지만, 이 사건은 마틴에게 큰 영향을 미쳤다.

'흑인의 권리를 보장하는 법이 있어도 지켜지지 않고, 그 법을 지키지 않아도 처벌할 수 없다면 대체 그 법이 무슨 소용이란 말인가?'

이 사건 이후 마틴은 법에 대한 믿음을 버렸다.

'우리에게는 제2의 간디가 필요해! 누군가 먼저 앞장서서 사람들 마음 속에 깃든 저 뿌리 깊은 차별의 벽을 깨뜨려야 한다!'

머나먼 학문의 여정

1951년 6월, 마틴은 신학사 학위를 받고 크로저 신학교를 졸업했다. 졸업생 대표가 되었을 뿐만 아니라 우등생에게 주는 펄 플라프너 상과 1,200달러의 루이스 클로저 장학금까지 받았다. 이 장학금은 그가 원하는 대학이나 대학원 진학에 써도 상관없었다. 아버지 킹 목사는 졸업 기념으로 마틴에게 초록색 시보레 자동차를 사주었다.

마틴은 오랜만에 고향으로 돌아왔다. 친척들은 마틴이 이제 그만 고향에서 아버지 일을 돕기를 바라는 눈치였다.

"마틴, 네 학식은 분수에 넘쳐. 목사에게 그렇게 높은 학식은 필요 없는 거야. 너무 박식하면 교인들과 격차가 커져서 어울리기 어려워지거든."

마틴은 웃으며 말했다.

"실은 장학금을 천이백 달러나 탔습니다. 설마 이 돈을 쓰레기통에 던져 버리라는 말씀은 아닐테죠?"

킹 목사는 아들의 말에 한숨을 내쉬었다. 그 역시 아들이 고향으로 돌아와 자신의 교회를 물려받기를 원했던 것이다. 그의 나이는 벌써 쉰한 살로, 당시로서는 은퇴를 생각해야 할 나이였다.

그러나 아버지의 바람도 마틴의 학구열을 잠재우지 못했다. 킹 목사는 자신의 바람을 아들에게 말하지 않았다. 자신의 교회를 물려주는 것보다 아들이 스스로 원하는 만큼 날개를 달고 멀리 날아가는 것이 더 중요하다고 생각했기 때문이다.

그 해 9월, 마틴은 보스턴 대학원에 진학했다. 보스턴 대학원이 진보적인 신학과 인격주의 철학의 명문으로 알려져 있기도 했지만, 무엇보다 그곳에는 에드가 셰필드 브라이트먼 교수가 있었다. 브라이트먼 교수는 하나님이 불변의 가치가 아니라 투쟁과 성장의 과정이라고 주장했다.

'신이라는 존재의 인격은 사랑이며, 그 사랑은 인간이 경험하는 모든 괴로움과 구원의 과정 그 자체이다.'

브라이트먼 교수의 이러한 사상은 인종차별을 고민하는 마틴에게는 단비와도 같았다. 브라이트먼 교수가 2년 후 세상을 떠나는 바람에 오랫동안 지도받지 못했지만, 그의 사상은 마틴의 일생에 큰 영향을 미쳤다.

보스턴에서의 생활이 순조롭지만은 않았다. 가장 큰 어려움은 거처할 방을 구하는 일이었다. 마틴은 오늘도 방을 구하기 위해 몇 시간째 보스턴 거리를 쏘다녔다. '방을 임대합니다'라는 표지판이 붙어 있는 곳이면 어디든 가서 문을 두드렸다. 그러나 주인들은 하나같이 마틴의 검은 피부를 보는 순간 싸늘하게 말했다.

"방은 이미 나갔소."

그런 말을 들을 때마다 다리에 힘이 쫙 빠졌다. 그래도 마틴은 절망하지 않았다. 방도 구하지 못한 채 해가 저물고, 퉁퉁 부어오른 다리를 주무를 때면 분노가 솟구칠 때도 있었다. 그럴 때면 마틴은 제임스 러셀 로웰의 시를 읊조렸다.

진리는 영원히 단두대 위에 있고
거짓은 영원히 왕좌 위에 앉아 있네.
단두대가 흔들리면 미래가 흔들리네.
신은 미지의 어스름 뒤에 서 계시니
그 그늘 속에서 자신의 그림자 너머를 지켜보시네.

현실은 괴롭고 힘들었지만, 마틴은 하나님이 언제나 이 세상을 지켜보고 있다는 것을 의심하지 않았다.

'언젠가 단두대가 흔들리면 거짓 위에 세워진 세상이 무너지고 하나님의 세상이, 흑인이나 백인이나 똑같은 인간으로 대접받는 세상이 다가올 것이다.'

현실의 고통이 크면 클수록 마틴의 희망과 용기는 더욱 강해졌다.

뜻밖의 청혼

"혹시 착하고 예쁜 여자 없을까?"

마틴은 뉴 잉글랜드 음악학교에 다니는 친구 메리 포웰에게 무심코 농담을 던졌다.

몇 차례 데이트를 해 보기는 했지만, 그때까지 마틴은 사랑에 빠져 본 적이 없었다. 벌써 결혼을 해서 아버지가 된 친구들도 많았다. 이제 마틴도 결혼이라는 것을 생각해야 할 나이였다.

포웰은 싱긋 웃으며 전화번호를 적은 종이를 건네주었다.

"코레타."

마틴은 가만히 이름을 불러 보았다. 어쩐지 느낌이 썩 좋았다.

"성악을 전공하는 여학생이야. 아름다운데다 지적이기까지 하지. 너랑 아주 잘 어울릴 것 같아. 전화해 봐."

마틴은 그 자리에서 곧바로 전화를 했다.

"저는 마틴 루터 킹이라고 합니다. 만나서 이야기를 나누고 싶습니다. 저는 지금 워털루에서 무릎을 꿇고 있는 나폴레옹이 된 것 같네요. 내일 점심을 같이 하면서 이야기를 나누고 싶습니다."

"아직 만나본 적도 없으시면서 그렇게 말씀하시다니, 좀 과장이 심하신 분 같군요."

"만나 보지 않아도 저는 당신을 잘 알고 있답니다."

코레타의 목소리는 친근했다. 당장이라도 그녀를 만나야겠다는 생각이 들었다. 그녀도 망설임 없이 그러자고 했다. 마틴은 마음이 설레어 왔다.

"차를 가지고 댁으로 가겠습니다. 내일 7시입니다."

이튿날, 마틴은 처음 만난 코레타가 왠지 낯설지 않았다. 음악 이야기, 인종 문제와 경제적 불평등, 평화 문제에 관해 이야기를 나누면서 마틴은 코레타에 대해서 확신이 생겼다. 코레타는 지금까지 그가 만난 여자들과는 아주 달랐다. 코레타는 마틴과 함께 토론할 수 있을 만큼 지적인 여성이었다.

"코레타, 당신은 얼굴도 예쁜데 아는 것까지 많군요. 자주 만나 이야기하고 싶은데, 그럴 수 있죠?"

마틴이 호감을 나타내자 코레타가 기다렸다는 듯 말했다.

"참, 내일 저녁 파티에 초대받았는데 함께 가 주시겠어요?"

마틴은 코레타와 마음이 통한다는 것을 느꼈다. 온몸에 전율이 느껴졌다.

'이럴 때는 어떻게 하는 거지?'

그는 한 번도 느껴보지 못한 감정 때문에 허둥대는 자신의 마음을 들킬세라 대범한 척 서둘러 말했다.

"제가 바래다 드리겠습니다."

"오늘 정말 즐거운 시간이었어요."

코레타는 차에 올라 타면서 그를 향해 미소를 지어보였다.

코레타의 집이 가까워 오고 있었다. 마틴의 입에서 생각지도 않은 말이 불쑥 튀어 나왔다.

"노래하지 않고 살아갈 수 있겠어요?"

코레타는 눈을 동그랗게 뜨고 그를 쳐다보았다.

"당신이 내 아내가 되어 준다면 정말 좋겠습니다."

만난 지 채 몇 시간도 되지 않아 청혼을 받은 코레타는 당황하여 아무 말도 하지 못했다. 그러나 더 놀란 것은 바로 말을 꺼낸 마틴 자신이었다.

'아니, 내가 무슨 말을 한 거지? 처음 만난 여자한테 아내가 되어 달라니…….'

그때부터 두 사람은 한시도 떨어지지 않고 붙어 다니게 되었다.

밥 먹을 때도 함께 먹고, 음악회도 같이 가고, 영화관도 같이 갔다. 공부할 때도 책상을 나란히 하고 함께 했다. 종교와 음악에 대한 이야기도 많이 나누었다. 그러는 동안 그들의 사랑도 깊어졌고, 함께 지낸 시간만큼 서로를 잘 이해하게 되었다.

"코레타, 난 앞으로 나 자신을 위해서 살지는 않을 겁니다. 모든 사람이 평등한 세상, 흑인들이 무시당하지 않는 세상, 흑인도 똑같이 인간 대접을 받는 세상을 만들고 싶습니다."

"나도 그런 생각을 막연하게 하고 있었어요. 당신 이야기를 들으니까 확신이 드는군요."

두 사람은 서로 이해하고 아끼며 사랑을 키워 나갔다.

1953년 6월 18일, 마침내 그들의 사랑은 결실을 맺었다. 코레타의 집 넓은 잔디밭에서 결혼식을 올리게 된 것이다. 성악가가 되려는 꿈을 버려야 할지도 몰랐지만, 마틴 루터 킹과 함께 하는 삶을 선택한 코레타의 얼굴은 한없이 밝았다.

남부교회 목사의 길

마틴은 박사학위 논문을 쓰는 중이었다. 교직과 목사직을 두고 마음을 정하지 못하고 있을 때, 남부의 몽고메리에 있는 덱스터 애브뉴 침례교회에서 그를 목사로 청하고 싶다는 연락이 왔다.

1954년 1월, 마틴은 덱스터 애브뉴 침례교회로 떠났다. 다음날 아침 설교를 하기로 되어 있었던 것이다. 설교를 앞두고 그는 불안해지기 시작했다.

'아버지 교회에서 4년 동안 부목사로 여름마다 설교를 했었는데, 왜 이렇게 떨리지?'

그러나 내일 아침의 설교는 이전과 달랐다. 목사 후보자로서 설교를 하는 것은 처음이었다.

'어떻게 하면 내 설교에 많은 사람들이 빠져들게 할 수 있을까?'

마틴이 설교 내용을 고민하고 있을 때, 문득 누군가 자신에게 속삭이는 것 같았다.

'마틴 루터 킹, 네가 이 설교를 하는 게 아니야. 하나님이 하시는 거야. 하나님이 하시는 일이니까 안심해.'

마틴은 불안감과 걱정이 순식간에 사라지는 듯한 느낌이 들었다. 그는 기도를 올렸다.

"내일 아침, 수많은 사람 앞에 서게 될 때, 주님, 부디 저와 함께 해 주소서."

마틴은 걱정을 잊고 깊이 잠들 수 있었다.

다음날 아침 마틴은 일찍 눈을 떴다. 커튼을 열고 창문을 활짝 열었다. 멀리 지평선에서 태양이 솟아오르고 있었다. 이내 온 천지는 밝은 빛으로 가득찼다.

11시, 마틴은 설교대에 섰다. 수많은 청중들의 눈이 그를 응시하고 있었다. 다시 한 번 심호흡을 했다. 그리고 마음 속으로 기도를 했다.

'주님, 저를 인도하소서.'

마틴은 '완벽한 인생을 만드는 세 가지 측면'이라는 제목으로 설교를 했다. 그는 청중들이 그의 말, 몸짓 하나하나에 몰입하고 있다는 것을 느낄 수 있었다. 설교대를 내려오면서 그는 작은 소리로 다시 기도를 올렸다.

"주께서 저를 온전히 쓰셨습니다."

마틴은 만장일치로 덱스터 애브뉴 침례교회의 목사로 임명되었다. 말할 수 없이 기뻤으나 마음을 쉽게 정할 수 없었다. 막상 목사의 길을 걷게 된다는 생각을 하자 교수의 길에 대한 미련이 남았다. 흑백 차별이 심한 남부의 덱스터 애브뉴 교회로 갈 경우 아이들이 겪어야 할 고통도 문제였다. 코레타 역시 무엇보다 그것을 염려했다.

"우리들은 흑백 차별 문제를 피부로 느끼며 살았잖아요. 난 아이들에게 그런 고통을 겪게 하고 싶지 않아요."

"그러니까 더욱 우리가 남부로 가야 하지 않겠소? 그 문제를 회피한다면 우리 인생이 성공했다고 할 수 있을까? 누군가는 반드시 해야 할 일이오."

결국 코레타는 고개를 끄덕였다. 남부로 간다는 것은 성악가의 꿈을 완전히 접어야 한다는 것을 의미했다. 그러나 그녀는 남편의 뜻을 따르기로 했다. 사실 코레타는 십대 이후로 흑백 차별이 없는 대학에 다니면서 자유로운 분위기를 만끽했다. 여러 백인 가정에서 환대를 받으며 지낸 경험도 있었다. 그런데 이제 다시 흑백 차별의 세계로 들어가기로 한 것이다. 그러나 그녀 역시 흑인이었고, 누군가는 반드시 흑백 차별의 벽을 깨뜨려야 한다는 것을 알고 있었다. 누군가 해야 할 싸움을 하겠다고 나서는 남편을 막는 것은 자기

가족만의 행복을 바라는 이기적인 행동임을 잘 알기 때문이었다.

1954년 10월 31일 텍스터 애브뉴 침례교회에서 마틴의 목사 취임식이 시작되었다. 아버지 킹 목사가 취임식에 와서 설교를 해 주었고, 에베니저 침례교회에서도 100여 명의 신도들이 참석했다. 드디어 마틴은 목사가 된 것이다.

목사가 된 마틴 루터 킹은 흑백 차별 문제와 사회 문제를 다루는 모임에 적극적으로 참여하였다. NAACP(유색 인종의 지위 향상을 위한 국가연합) 지부에 가입하고, 흑인과 백인이 공동으로 참여하는 단체인 앨라배마 인간관계 평의회에도 가입했다. 마틴은 평등한 세상, 인간이 인간 대우를 받는 세상을 앞당기기 위한 일은 무엇이든 해야 했다. 그것이 하나님이 그에게 맡긴 사명이었다.

3장

몽고메리 운동

더 이상 참을 수 없다

1955년 12월 1일, 로사 파크스 부인은 백인 전용 좌석 바로 뒷좌석에 앉아 있었다. 백인 남자가 올라타자 운전사가 부인에게 뒤로 가라고 했다. 부인은 백인 남자에게 자리를 양보하고 서서 가야 하는 상황이었다. 부인은 일어서지 않았다. 인간으로서의 존엄성과 자존심의 표현이었다. 부인은 체포되었다.

로사 파크스 부인은 인품이 훌륭하고 헌신적인 태도로 살아왔기 때문에 흑인 사회에서 존경받는 인물이었다. 부인의 행동은 인내의 한계에 도달한 흑인들의 심정을 대변하는 것이었다.

부인의 보증인으로 나선 E. D. 닉슨에게 이 사건에 대해 전해 들은 마틴 루터 킹 목사는 굴욕감에 몸을 떨었다. 자신이 청소년 때

겪었던 모욕감이 되살아났다.

"우리는 참을 만큼 참았습니다. 너무 오랫동안 이런 굴욕적인 대우를 받아 왔습니다. 백인들에게 더 이상 이런 대우를 받지 않겠다는 우리의 뜻을 분명히 밝혀야 합니다."

닉슨의 목소리가 떨렸다.

분노한 흑인들은 즉시 마음을 모았다. '버스 안 타기 운동'을 벌이기로 한 것이다.

"성직자들과 시민 대표 회의를 소집해서 이 문제를 토론합시다."

회의 장소는 교회로 정했다. 각 분야의 대표가 40명이나 모였다. 킹 목사는 가슴이 뿌듯했다. 거대한 변화의 물결이 다가오고 있었다.

"이제 움직일 때가 되었습니다. 월요일에 항의 표시로 버스 안 타기 운동을 합시다."

몽고메리 종파 연합의 의장인 베네트 목사가 제안했다.

그날 밤, 킹 목사는 잠을 이룰 수 없었다. 희망과 불안감이 교차했다. 남부의 흑인들이 뜻을 한데 모은 사실에 가슴이 벅차오르기도 했다. 잠자리를 뒤척이면서 잠을 이루려고 애쓰고 있을 때였다. 생후 2주 된 딸 아이의 울음소리가 들리고 이어서 전화벨이 울렸다. 몽고메리 흑인 택시 회사들이 월요일 아침의 항의 운동을 지원하기로 했다는 소식이었다.

당시 몽고메리 버스의 흑백 차별은 심각했다. 흑인 승객들은 앞

버스 안 타기
몽고메리 운동

문으로 타서 차비를 내고 내려서 뒷문으로 다시 타야 했다. 뒷문으로 타기 전에 버스가 떠나버리는 일도 있었다. 빈 좌석이 있는데도 흑인이라는 이유로 서서 가야 했다. 백인이 한 명도 타지 않은 경우에도 흑인들은 백인 전용 앞좌석 네 줄에는 절대로 앉을 수 없었다. 백인 전용석이 다 찼을 때 백인이 승차하면, 흑인들이 앉아도 되는 자리에 앉아 있었더라도 일어나 자리를 양보해야 했다. 이런 명령을 따르지 않으면 흑인들은 체포되었다.

전화를 끊고 킹 목사는 흥분해서 잠을 이룰 수 없었다. 곁에 있던 코레타가 그의 손을 꼭 잡아주었다.

"꼭 승리할 거예요."

"그럼, 우리는 반드시 이길 거요."

월요일 아침이 밝았다. 일찍 눈을 뜬 킹 목사는 창문 앞으로 갔다. 5시 30분이었다. 첫 버스는 6시에 그의 집 앞을 지날 것이다. 역사의 새로운 장이 열리는 순간이었다. 역사적인 첫 장면을 지켜보기 위해 기다리는 30분은 너무나 길고 지루했다. 커피를 마시기 위해 주방에 갔을 때였다.

"여보, 어서 와 봐요. 버스가 비어 있어요!"

코레타가 흥분한 목소리로 외쳤다. 킹 목사는 단거리 경주 선수처럼 재빨리 창문으로 달려갔다. 그는 자신의 눈을 의심했다. 원래 사우스 잭슨 노선은 흑인 승객이 가장 많은 노선이었고, 6시 첫 차는 늘 흑인들로 만원이었다. 그런데 버스는 텅 비어 있었다.

"여보, 다음 차도 비어 있을까요?"

두 사람은 아침도 먹지 않은 채 창가에 붙어 서서 다음 버스를 기다렸다. 두 번째 버스에도 세 번째 버스에도 흑인은 한 명도 타고 있지 않았다. 기적이 일어난 것이다. 사실 흑인들의 60퍼센트만 버스 안 타기에 호응해도 큰 성공이라고 생각했는데 100퍼센트가 참가하고 있었다.

"잠자고 있던 흑인 사회가 드디어 완전히 잠에서 깨어난 거요."

이런 상태는 아침부터 저녁까지 하루종일 이어졌다. 흑인 대학생들은 밝은 얼굴로 걸어다녔다. 노새를 타고 일터로 나가는 사람들도 있었고, 마차도 등장했다. 거리는 걸어다니는 사람들로 가득 찼다. 자유와 인간의 존엄성을 되찾기 위한 힘찬 발걸음이었다.

몽고메리의 날

그러나 버스 안 타기 운동의 성공을 기뻐하고 있을 때가 아니었다.

파크스 부인은 일심에서 유죄가 선고되었다. 벌금 10달러와 재판 비용을 합쳐서 12달러를 지불하라는 판결이 내려졌다. 흑백 분리 법률을 위반한 죄로 흑인에게 유죄 판결이 내려지기는 처음이었다.

대표들이 다시 모였다.

"어떻게 해야 할까요?"

"다시 투쟁해야지요."

"감정적으로 대응해선 안 됩니다. 임시 조직이 필요합니다."

"그렇습니다. 새로운 조직을 만듭시다."

참석자들은 의논 끝에 뜻을 모았다.

'몽고메리 진보연합(MIA)은 이렇게 탄생했다. 그리고 킹 목사는 만장일치로 의장으로 선출되었다.

킹 목사는 아내가 반대하지 않을지 걱정이 되었다. 흑백 문제가 심각한 상태인 때에 흑인 조직의 의장을 맡는다는 것은 죽음을 각오해야 할만큼 위험한 일이었다. 가족 모두가 위험에 빠질지도 몰랐다. 가족과 함께 보낼 시간도 더욱 줄어들 것이다. 이런저런 생각을 하며 킹 목사는 집으로 들어섰다. 그는 아내의 표정을 살폈다. 코레타는 킹 목사의 눈을 똑바로 바라보며 말했다.

"지금 당신에게 맡겨진 일에 최선을 다하세요. 내가 해야 할 일도 있어야지요. 집안 일은 나한테 맡기세요."

킹 목사는 아내의 말에 힘이 솟았다.

"고맙소. 집에 오는 동안 내내 당신 생각을 했소. 아직 아이도 어린데 내가 이런 일에 이렇게 앞장서도 되는 건가 하고 말이오. 하지만 우리가 흑인이어서 당한 일을 아이들이 또 당하게 해선 안 된다는 생각이 더 앞섰소. 미안하오."

"난 당신을 믿어요. 당신이 무슨 일을 하든지 난 당신을 도울 거예요."

"내 인생에서 가장 중요한 연설을 준비해야 하오. 20분밖에 시간이 없소."

킹 목사는 심호흡을 했다. 이번 연설이 미치게 될 영향을 생각하니 갑자기 부담감이 몰려왔다.

'나에게 과연 그런 능력이 있을까?'

그러나 불안 속에서 멍하게 시간만 보내고 있을 수는 없었다. 그는 간절한 마음으로 기도를 올렸다.

"주여, 저와 함께 해 주소서. 부족한 제가 흑인들의 대변자로 나섰습니다. 늘 그랬던 것처럼 제 옆에서 힘을 불어넣어 주시옵소서. 흑인들이 학대와 억압에서 벗어날 수 있도록 해 주소서."

기도를 마치자 킹 목사의 마음에 평화가 찾아왔다. 그러나 또 하나의 고민이 머릿속을 맴돌았다.

'이제껏 당했던 흑인들의 원한과 증오가 그대로 드러난다면 또 다른 원한과 증오를 낳을지도 몰라. 어떤 연설을 해야 그들의 한을 억누르면서도 적극적으로 이 투쟁에 나서게 할 수 있을까?'

연설문 작성은 시작도 하지 못한 채 20분의 시간이 다 지나가고 있었다.

'투쟁의 바탕에 항상 사랑이 깔려야 한다는 점을 강조해서 연설을 하자.'

연설의 방향이 잡히자마자 킹 목사는 연설을 하기로 되어 있는 교회로 차를 몰고 갔다. 아침부터 굶은 탓에 배에서는 꼬르륵 소리가 났다. 교회 가까이에 이르자 그는 분위기가 심상치 않다는 느낌이 들었다. 이미 수천 명의 사람들이 모여 있었다. 그 열기를 보자 배고픔이 사라졌다. 정신이 번쩍 들었다.

'우리 흑인의 권리를 되찾고 평등한 세상을 만들 수 있을지 없을지가 이번 연설에 달려 있습니다. 주님, 저와 함께해 주시옵소서.'

킹 목사는 수천 명의 사람들을 헤치고 연단으로 나갔다. 사람들의 찬송가 소리가 울려 퍼졌다. 그의 손에는 연설을 위한 메모 한 장 없었다. 하지만 그의 입에서는 감동적인 연설이 이어졌다. 청중들은 숨소리도 내지 않았다.

연설이 끝나자 청중들이 일제히 일어섰다. 박수 소리가 끝날 줄 몰랐다. 교회 안팎에서 환호성이 이어졌다. 잠시 후 '흑인의 권리를 되찾고 흑백 평등이 이루어질 때까지 버스 안 타기 운동을 계속하자'는 결의문이 채택되었다. 만장일치였다. 모든 흑인들이 새로운 길을 선택한 것이었다.

그날은 정말 뜻 깊은 날이었다. 흑인들이 마음과 뜻을 모은 첫 번째 대규모 모임이었기 때문이다. 흑인들은 그날 자신들이 그동안 마음 속 깊이 열망하던 것이 무엇이었는지 확실하게 알았다. 수천 명의 흑인들은 가슴 가득 감동을 안고 집으로 발걸음을 옮겼다. 그날은 '몽고메리의 날'이었다.

다음날 아침, 킹 목사는 기쁨과 흥분에 빠져 있을 때가 아니라는 생각에 자리에서 벌떡 일어났다. 버스 안 타기 운동을 계속하기 위해서는 이대로 '걷는 것'만으로는 안 되었다.

'일터로 나가는 수많은 사람들, 매일 학교에 다니는 학생들이 어떻게 계속해서 걸어 다닐 수 있겠는가?'

어떤 흑인들은 일하는 곳까지 한 시간이나 두 시간씩 걷기도 했다. 하루 이틀은 모르지만, 그렇게 해서는 피곤해서 쓰러질 게 분명했다. 뭔가 다른 방법이 필요했다.

흑인 택시 회사들은 버스 요금인 10센트를 받고 흑인들을 태우기로 했다. 당장 큰 도움이 되기는 했지만 백인들이 가만 있을 리 없었다. 택시 요금의 최소한도를 규정하는 법률이 있었기 때문이다. 10센트만 받는 것은 법률 위반이었고, 게다가 매번 10센트를 내고 택시를 탈 만큼 여유로운 흑인도 많지 않았다.

그날 밤 대중 집회에서 킹 목사는 그 사실을 사람들에게 알렸다.

"버스 안 타기 운동을 계속 하려면 카풀 제도를 마련해야 합니다."

그의 말이 끝나기도 전에 사람들은 너나 할 것 없이 카풀 제도에 어떤 식으로든 참가하겠다는 뜻을 밝혔다. 하루 종일 자기 차로 흑인들을 실어 나르겠다는 사람들까지 있었다. 성직자들도 언제든지 운전을 하겠다는 뜻을 밝혔다.

킹 목사의 예상대로 택시 회사의 협조가 '법률 위반'이라는 결정이 내려졌다. 흑인 사회는 일사불란하게 움직였다. 자원 봉사자들이 몽고메리 시내를 돌아다니며 활동을 시작했다. 자원봉사 차량만 300대 가량 되었다. 45군데 차량 대기소와 42군데 합승 정거장 목록이 실린 인쇄물이 흑인 사회에 배포되었다. 백인 반대파들은 흑인들의 발 빠른 대응에 깜짝 놀랐다.

"우리 흑인들을 수십 년 동안 괴롭히던 운송 문제가 며칠 만에 해결됐어."

엉킨 실타래를 풀듯이 차근차근 일을 해결해 나가는 사이, 흑인들은 자신감이 생기기 시작했다.

시 당국이 협상을 제안했다. 열두 명의 협상 위원이 결정되었다. 킹 목사는 협상 위원장으로서 흑인의 주장을 펼칠 기회를 얻었다.

"파크스 부인 사건은 이제까지 참아 왔던 흑인들에게 더 이상 참으면 안 된다는 자각을 하게 했습니다. 불공평하고 모욕적인 흑인 대우가 개선될 때까지 우리의 항의 운동은 계속될 것입니다. 승차한 순서대로 앉는 것은 너무나 상식적인 일입니다. 우리는 이런 상식이 통하는 세상이 되기를 바랍니다."

그러나 이런 상식적인 바람조차 이루어지지 않았다. 1차 회담을 하면서 킹 목사는 여러 사실을 깨닫게 되었다.

'특권을 포기하게 하려면 강력한 저항이 있어야 해.'

사실 킹 목사는 이 정도에서 백인들이 손을 들 것이라고 예상했었다. 하지만 단순한 요청만으로 흑인들의 요구가 받아들여질 것이라고 믿은 것은 참으로 순진한 생각이었다. 백인들은 자신들의 특권을 무엇 하나 쉽게 내놓으려 하지 않았다.

'흑백 분리 제도가 계속되는 한 정의와 평등은 불가능해. 흑백 분리 제도에 정면 대응을 해야 해.'

킹 목사는 백인들의 맹렬한 공격을 견뎌 내며 2차 협상을 끝내고 집으로 돌아왔다. 창문 너머로 아내의 노랫소리가 들렸다. 태어난 지 한 달 된 욜란다가 침실에 누워 있는 모습이 눈에 들어왔다. 킹 목사는 살며시 문을 열고 침실로 들어갔다. 그리고 아내의 노랫소리에 맞추어 아기를 흔들어 주었다.

킹 목사는 아내와 아이에게 미안한 마음이 들었다. 한번 나가면 언제 돌아올지 알 수 없을 만큼 바쁜 나날이었다. 들어왔다가도 예상치 못한 일이 생겨 달려 나가기 일쑤였다. 맛있는 음식을 잔뜩 마련해 놓았는데 먹지도 않고 나가는 남편에게 코레타는 불평 한마디 하지 않았다. 코레타는 그가 신경 쓰지 않도록 집안에 일어나는 일은 모두 깔끔하게 처리했다.

힘이 들거나 판단하기 어려운 문제가 생길 때면 킹 목사는 아내의 조언을 구했다. 현명한 아내의 조언은 그의 나침반이 되었다. 어떤 부당한 힘에도 굴복하지 않고 끝까지 버틸 수 있는 것은 모두 아내가 그의 뒤에 든든하게 버티고 있기 때문이었다.

끔찍한 교도소 체험

어떤 분열 책동에도 흑인 사회가 꿈쩍도 하지 않자 시 당국은 갑자기 강경하게 나왔다. 교통법규 위반을 이유로 대량 체포 작전이 벌어진 것이다. 불안한 사람들이 카풀에서 하나둘 빠져나갔다. 카풀 이용이 어려워지자 불평의 소리가 높아졌다. 이제껏 당당하던 킹 목사에게도 회의가 밀려 왔다.

'흑인 사회에 투쟁을 계속할 능력이 과연 있는 것인가.'

이런 고민에 빠진 채 교회에서 집으로 향하던 길이었다. 가는 길에, 킹 목사는 자기 차에 같은 방향으로 가는 사람들을 몇 명 태웠다.

"면허증 내놔!"

도로 반대편에 서서 검문을 하던 경찰관이 그를 발견하고 소리쳤다.

"저 놈이 킹 그 자식 아냐!"

검문이 끝나고 킹 목사는 차를 출발시켰다. 모터사이클이 따라 붙었다. 잘못한 일이 없으므로 신경을 쓰지 않으려고 했다. 그가 사람들을 내려 주려고 차를 멈추었을 때였다.

"킹 목사, 당신을 과속 운전으로 체포합니다."

킹 목사는 이렇게 어이없게 체포되었다. 킹 목사를 태운 경찰차는 낯선 거리를 한없이 달렸다. 어둡고 더러운 거리였다. 그는 불안

한 마음에 온몸이 떨렸다. 차는 낡은 다리 밑으로 향하고 있었다.

'나를 강으로 던져 버리려는 건 아닐까? 깡패들에게 데려가는 건 아닐까?'

킹 목사는 별의별 생각이 다 들었다. 다리 밑을 지나면서 '이제 끝이구나' 싶어서 눈을 감고 기도를 올렸다.

'저에게 힘을 주소서. 견뎌 낼 힘을 주소서.'

입 안이 바짝바짝 타들어가는 느낌이 들었다. 실눈을 뜨고 창 밖을 바라보았다. '몽고메리 시립 교도소'라는 글자가 눈에 들어왔다. 이제 살았다는 안도감이 몰려왔다.

'교도소 간판이 이렇게 반갑게 느껴지다니!'

생전 처음 들어가 본 교도소 안 풍경은 충격적이었다. 그는 눈앞에 펼쳐진 광경에 놀라 할 말을 잃었다. 감방 한 구석에는 화장실이 있었다. 가려져 있지 않았기 때문에 용변을 보면서 서로 눈을 마주쳐야 했다. 아무리 죄를 지은 사람이라 해도 이렇게 취급하면 안 된다는 생각이 들었다.

킹 목사가 체포되었다는 소식을 들은 사람들이 교도소로 몰려왔다. 킹 목사를 보러 오는 사람들이 점점 늘어났다. 교도소 문 앞은 모여든 사람들에 막혀 지나다닐 수조차 없었다.

"킹 목사를 석방하라!"

"죄 없는 사람 풀어 줘라!"

사람들은 일제히 구호를 외쳤다. 문제가 커질 것 같다고 판단한 교도관이 그에게 달려왔다.

"킹 목사, 나가십시오."

교도소 문이 열렸다. 많은 사람들이 킹 목사를 보고 환호했다. 그를 믿고 따르는 수많은 사람들의 눈길이 그를 향하고 있었다.

'나는 혼자가 아니구나. 저들과 함께 한다면 꼭 승리할 거야.'

킹 목사는 두 주먹을 불끈 쥐었다.

죽음의 공포를 이기는 힘

"검둥아, 잘 들어라. 너 때문에 우린 다 빼앗겼어. 그냥 두지 않겠어. 몽고메리에 온 걸 후회하게 해 주겠다."

깊은 잠에 빠져 있다가 잠결에 전화를 받은 킹 목사는 낯선 목소리에 잠이 확 깼다. 백인에게서 걸려 온 협박 전화였다. 그는 다시 잠을 이룰 수가 없었다. 이런 식의 협박을 받은 게 한두 번도 아닌데, 이상하게 그날 밤은 알 수 없는 공포가 몰려왔다.

'비겁하다는 소리를 듣지 않고 이 일에서 손을 떼는 방법이 없을까? 나에게 헌신적인 아내, 이제 갓 태어난 딸에게 위험이 닥치는 것을 그냥 두고 볼 수는 없어. 둘을 남겨 두고 내가 죽을 수도 있고, 나 때문에 아내가 죽을 수도 있어. 안 돼. 그만둬야 해.'

킹 목사도 죽음의 공포 앞에서는 나약한 인간일 뿐이었다. 그는 눈물을 흘리며 무릎을 꿇고 기도했다.

"주여, 제 몸에서 모든 기운이 다 빠져나간 것 같습니다. 저에게는 이제 아무 능력도 남아 있지 않습니다. 더 이상 버틸 수가 없습니다."

그때였다. 그의 머릿속에서 어떤 소리가 울렸다.

'마틴 루터 킹, 일어나라. 정의를 위해, 평등을 위해, 진리를 위해……. 세상이 끝나는 날까지 내가 너와 함께 하겠다.'

놀라운 경험을 한 킹 목사는 모든 의심과 불안을 떨쳐 버릴 수 있었다. 어떤 어려움이 닥쳐 온다 해도 두려울 것이 없었다. 그의 곁에는 언제나 하나님이 지키고 서 있었던 것이다.

그로부터 3일 뒤, 킹 목사는 대중 집회장에서 연설을 하고 있었다. 그때 한 사람이 당황한 얼굴로 단상에 뛰어올랐다.

"킹 목사님, 큰일이 났습니다. 목사님 댁이 폭파되었다고 합니다. 빨리 가 보십시오. 집회는 저희들이 알아서 하겠습니다."

킹 목사는 이런 일이 생길까봐 일을 그만둘 생각도 했지만, 막상 현실로 닥치자 이상하게 마음이 차분했다.

"걱정 마십시오. 하나님께서 지켜 주실 겁니다. 제 연설이 끝나거든 가지요."

킹 목사의 집이 폭파되었다는 소식이 청중들 사이로 퍼졌다. 사람들이 술렁거리기 시작했다.

"나쁜 놈들! 우리도 백인들의 집을 폭파하자!"

청중들은 당장에라도 길거리로 뛰어나갈 태세였다.

"여러분! 진정하십시오! 저는 괜찮습니다. 우리가 저들의 집을 폭파한다면 우리도 저들과 똑같은 사람이 되고 맙니다. 언제나 하나님의 사랑을 잊지 마십시오. 자, 연설을 계속하겠습니다."

킹 목사는 청중들의 분위기를 가라앉히고 연설을 마친 후, 서둘러 집으로 갔다. 아내와 아기는 무사했다. 그는 안도의 한숨을 내쉬었다. 아내의 얼굴은 평온했다. 집이 폭파되어 한순간에 아기와 함께 죽을 수도 있었던 상황에서, 이렇게 담담한 얼굴로 남편을 대하는 여자는 흔하지 않을 것이다. 그는 아내 앞에서 부끄러움과 미안함으로 얼굴을 들 수가 없었다.

폭파 사건이 생긴 후 주위 사람들은 경호원과 무장 경비원을 고용하라고 했다.

"킹 목사, 가족들을 안전하게 지켜야 하지 않겠습니까."

"알았소. 고려해 보겠소."

킹 목사는 아내와 의논했다.

"나는 비폭력 운동의 지도자요. 그런데 내 가족의 안전을 위해 폭력적인 무기를 사용할 수는 없지 않겠소?"

"옳아요. 무기로 해결될 문제가 아니에요."

아내도 그의 생각에 동의했다. 부부는 원래 가지고 있던 권총마저도 없애기로 결정했다. 그러고 나자 오히려 두려움이 완전히 사라졌다. 그는 한숨을 내쉬었다.

'내가 큰 실수를 할 뻔했다. 나와 가족의 안전을 위해 폭력을 인정할 뻔했어.'

폭력과 위협으로도 항의 운동을 막을 수 없게 되자 백인들의 대량 체포 작전이 시작되었다. 킹 목사는 자진해서 교도소로 향했다. 많은 사람들이 그의 뒤를 따랐다. 누구도 체포되는 것을 두려워하지 않았다. 오히려 자유를 위해 투쟁한 증거가 되었으므로 자랑스러워했다.

킹 목사는 유죄 판결을 받았지만 웃으며 법정을 나올 수 있었다. 기다리던 사람들이 그의 곁으로 모여들었다. 누가 시작했을까. 노래가 시작되었다. 사람들은 입을 모아 노래를 불렀다.

"앞으로는 버스를 타지 않으리라, 앞으로는 버스를 타지 않으리라."

노래는 모두의 마음을 이어 주었다. 숙연한 분위기 속에서 킹 목사는 연설을 시작했다.

"나는 나의 죄가 자랑스럽습니다. 불의에 비폭력으로 대항한 죄, 사람들에게 자기가 존엄한 존재라는 사실을 알린 죄, 생명권 · 자유권 · 행복추구권을 누리게 한 죄입니다."

모두의 가슴에 자부심이 타올랐다. 그 누구도 그 열기를 식힐 수 없었다.

항의 운동을 방해하려는 백인들의 여러 가지 시도들은 모두 실패로 끝났다. 자신의 존엄성을 되찾은 흑인들은 한 발자국도 물러서려고 하지 않았다. 인간으로서의 존엄성을 지키기 위해서라면 감옥도 죽음도 두려워하지 않았다.

새벽이 오기 직전이 가장 어둡다

몽고메리의 흑인들은 승리의 날이 다가오고 있다는 희망을 안고 불편을 참아 내고 있었다. 그런데 또 다른 어려움이 그들 앞을 가로막았다. 시 당국이 카풀 제도를 걸어 소송을 낸 것이다.

재판을 하루 앞둔 날, 킹 목사는 카풀이 법적으로 금지된다는 사실을 사람들에게 알려야 한다는 생각을 하자 가슴이 답답했다.

'1년이나 고통을 참아 왔는데, 이제 걸어서 출퇴근하자고 어떻게 말한단 말인가. 항의 운동을 그만 포기하자고 해야 하는가.'

대중 집회가 시작되자, 그는 용기를 내어 사실 그대로 차근차근 말했다. 사람들이 동요하지 않도록 설득해야 했다.

"새벽이 오기 직전이 가장 어둡습니다. 지금이 바로 그런 때입니다. 우리 조금만 더 참고 우리의 믿음이 실현되기를 기다립시다."

어두운 밤이었다. 한치 앞도 내다볼 수 없을 만큼 캄캄했다. 청중들의 사기는 바닥으로 떨어졌다. 미래는 어떤 모습으로 오게 될지 아무런 확신도 가질 수 없었다.

다음날 아침, 법정은 긴장감으로 숨소리조차 들리지 않았다. 시 당국이 요청한 카풀 금지 소송에 대한 법원의 판결을 기다리는 중이었다.

잠시 휴정중이던 열두 시쯤, 연합통신 기자 한 명이 킹 목사에게 종이 한 장을 들고 달려왔다. 킹 목사는 불안한 마음을 감추지 못한 채 초조하게 기사를 읽어 나갔다.

"미연방 최고법원은 버스 내 흑백 분리를 규정한 법률이 위헌이라는 판결을 내렸다."

킹 목사는 자신의 눈을 의심했다. 그는 같은 구절을 읽고 또 읽었다. 감격의 눈물이 흘러내렸다. 그 소식은 순식간에 법정에 모인 모든 흑인들에게 전달되었다.

잠시 후 몽고메리 재판부는 시 당국이 요청한 카풀 금지 임시 명령을 승인한다는 결정을 내렸다. 역사적인 아이러니였다. 카풀 금지 판결과, 카풀을 만들게 된 근본 원인인 버스 안 흑백 분리 제도가 위헌이라는 판결이 동시에 내려졌기 때문이다.

승리의 새벽이 밝아 왔다. 실망과 좌절로 뒤덮였던 어둠이 순식간에 환한 햇살로 바뀌는 순간이었다. 기나긴 세월 동안 이어져 온 버스 안 흑백 분리 제도가 드디어 막을 내리게 된 것이다. 흑인들의 힘을 세상에 처음으로 알린 사건이었다.

1956년 12월 20일, 마침내 버스 안에서 인종 분리를 금지하는 명령이 정식으로 몽고메리에 내려졌다.

그날, 킹 목사는 사람들을 이끌고 버스에 올라탔다. 꼭 1년 만에 타 보는 버스였다. 몽고메리의 흑인들은 1년 동안이나 버스를 타지 않은 채 견뎌낸 것이다.

"킹 목사님이죠? 목사님을 태우게 되어 영광입니다."

운전사가 웃으며 인사를 건넸다. 킹 목사는 즐거운 표정으로 좌석에 앉았다. 그리고 백인들의 표정을 살폈다. 아무 일도 없던 것처럼 자리에 앉는 백인도 있었지만 성난 표정을 짓는 백인도 있었다. 한 백인은 흑인 뒤에 가서 앉는 것을 받아들일 수 없는지 계속 차장 옆에 서서 갔다. 어떤 백인 여자는 자기 옆에 흑인이 앉자 벌떡 일어섰다.

"이 검둥이들이 다음에는 또 무슨 짓을 하겠다는 거야!"

흑인 여자의 따귀를 때리는 백인 여자도 있었다. 그러나 흑인 여자는 감정적으로 맞서지 않고 꾹 참았다.

"킹 목사님이 주장하신 비폭력 저항이 옳다고 생각합니다. 힘으로 백인 여자 하나쯤 쓰러뜨리는 건 문제가 아니죠. 그러나 우리가 대항해야 하는 것은 백인 개인이 아닙니다. 더 큰 것을 위해 한 걸음 뒤로 물러설 줄 알아야 합니다."

흑인들의 의식은 자신도 모르는 사이 킹 목사가 바라는 쪽으로 서서히 변하고 있었다.

흑인에게 자리를 빼앗겼다고 생각하는 백인들은 분노했다. 흑인들을 대상으로 한 테러가 끊이지 않고 이어졌다. 버스 정류장과 택시 정류장 폭파를 신호탄으로 여기저기서 폭탄 테러가 일어났다. 급기야 킹 목사의 집 현관에서까지 다이너마이트가 발견되었다. 다행히 불발탄이어서 사람이 다치지는 않았지만, 흑인 사회 전체가 술렁거렸다. 킹 목사는 이제 목사 한 개인이 아니라 흑인들의 자존심이었기 때문이다.

킹 목사는 동요하는 흑인들을 달래었다.

"그래도 우리는 폭력을 쓰면 안 됩니다. 아무런 잘못도 없이 당하는 이 고통은 구원의 고통임을 우리 모두 확신합시다."

킹 목사의 온화한 목소리는 청중들의 마음을 사로잡았다.

백인들의 테러가 이어졌지만, 흑인들은 킹 목사의 인도에 따라 비폭력으로 일관했다. 그러나 백인들의 테러는 날이 갈수록 더욱 심해졌다. 몽고메리에는 무질서 상태가 이어졌고 버스 운행도 다시 멈추었다. 그제야 당국은 수사를 시작했다.

백인 일곱 명이 폭탄 테러 혐의로 체포되었다. 백인들은 이미 범죄를 자백한 상태였고 증거도 충분했지만 무죄 판결을 받았다.

그러는 사이 백인들의 분노도 사그라들었다. 백인들이 지나치다는 반성의 소리도 높아졌다. 버스 운행은 다시 정상을 되찾았다. 버스 타는 데 있어서만은 이제 흑인과 백인 사이에 어떤 차별도 존재하지 않게 되었다.

'몽고메리 운동'으로 흑인들은 자신에 대해 새롭게 인식하기 시작했다. 열등감에 빠져 있던 흑인들이 자신들도 가치 있는 존재라는 것을 깨닫게 된 것이다.

잊지 못할 인도의 감격

죽음의 위협은 지뢰처럼 생각지도 않은 곳에서 터졌다. 1958년 9월 20일 토요일 오후, 킹 목사는 할렘의 한 백화점에서 시민들에게 자신의 저서『자유를 향한 발걸음』이라는 책에 사인을 해 주고 있었다. 평온한 한낮이었다.

"당신이 마틴 루터 킹입니까?"

한 흑인 여자가 물었다. 그가 무심코 그렇다고 대답하는 순간, 날카로운 칼날이 가슴을 파고들었다. 정신분열증을 앓고 있는 여자가 편지 개봉용 칼로 그의 가슴을 찌른 것이다. 사람들이 그의 주위로 몰려들었고 백화점은 온통 아수라장이 되었다.

킹 목사는 구급차에 실려 할렘 병원으로 갔다. 꽤 오랜 시간에 걸쳐 수술이 진행되었다. 칼 끝이 대동맥에 닿아 있어서, 흉부를 완전히 절개해야만 그 칼을 빼낼 수 있었기 때문이다. 위험한 수술이었다.

"수술 받기 전에 재채기라도 했다면 목사님은 벌써 이 세상 사람이 아니었을 겁니다."

당시 수술을 담당한 의사는 위험했던 순간을 떠올리며 말했다. 재채기 한 번으로 대동맥이 뚫릴 만큼 상태는 매우 위독했다. 흉부를 완전히 절개하고 칼을 제거하는 큰 수술을 받고 나서 4일 정도 지나서야 그는 휠체어를 타고 병원 안을 돌아다닐 수 있었다.

킹 목사는 목숨을 잃을지 모르는 순간에도 늘 마음의 평온을 잃지 않았다. 모두 신앙의 힘이었다. 힘들 때마다 끊임없이 기도를 했고, 기도의 힘은 놀라웠다.

"저와 저희 가족은 언제나 폭력에 노출되어 있습니다. 주님은 그 시련을 이겨낼 수 있는 힘을 저에게 주실 것입니다. 저는 두렵지 않습니다. 주님이 함께 해 주신다는 것을 믿기 때문입니다."

오랜만에 그는 쉴 시간을 갖게 되었다. 목사가 된 후 이렇게 오랜 시간 아무 일도 하지 않고 지낸 것은 처음이었다.

'이 기회에 인도를 다녀오는 건 어떨까. 몸이 완전히 회복되려면 시간이 필요할 테니까.'

킹 목사가 자신의 생각을 알리자, 그가 간디의 사상에 깊이 빠져

마틴
루터 킹

있다는 사실을 아는 친구들이 그를 더욱 부추겼다.

"좋은 생각이야. 자네가 존경하는 간디의 업적을 살펴보는 것도 앞으로 투쟁에 많은 도움이 될 거야."

킹 목사는 상처가 아물자, 정신적 스승인 간디의 나라 인도로 떠났다. 1959년 2월, 그의 나이 30세 때였다.

'몽고메리 버스 안 타기 운동'은 인도에서 최고의 관심사였다. 인도 신문들이 미국보다도 더 자세히 이 운동에 대해 보도했기 때문이다. 인도인들은 간디의 비폭력 운동을 실천한 킹 목사 일행을 열렬히 환호하고 친근함을 표시했다. 가는 곳마다 모여드는 사람들로 북적였다. 킹 목사와 코레타는 사람들에게 둘러싸여 사인을 해 주어야 했다. 심지어 비행기 조종사들까지 객실로 나와 사인을 해 달라고 했다.

킹 목사는 여러 지역을 여행하며 수많은 인도 국민을 만났다. 대학이나 대중 집회에서 연설하고 토론회에도 참석했다. 코레타는 흑인 영가로 인도인들을 사로잡았다. 킹 목사가 연설을 하면 코레타는 노래를 불렀다.

인도는 어디를 가나 사람이 많았다. 도시에도 시골에도 엄청나게 많은 사람들이 살고 있었다. 그들은 대부분 가난했다. 가난해서 불행해 보였지만, 미국과 달리 범죄율은 낮았다. 굶주림에 시달리면서도 인도인들은 남의 것을 탐내지 않았다. 그들은 행복해 보였다. 킹 목사는 가난조차도 꺾지 못하는 인도인들의 훌륭한 도덕성에 깊은 감명을 받았다.

인도 여행 중에 킹 목사는 '케이프 코모린'이라는 곳에 들렀다. 벵골만과 아라비아해, 인도양, 이 세 바다가 합쳐지는 케이프 코모린은 웅장하고도 화려한 장면을 연출하는 곳이었다. 바다 속에서 솟아오른 바위들도 무척 아름다웠다. 킹 목사는 큰 바위 위로 올라가 자리를 잡았다. 눈앞으로 끝없는 검은 바다가 펼쳐졌다. 마침 커다란 불덩어리 같은 해가 서쪽 바다 밑으로 가라앉고 있었다. 완전히 해가 모습을 감추려는 순간, 코레타가 킹 목사의 손을 잡았다.

해가 완전히 가라앉자 어둠이 세상을 덮었다. 잠시 후 동쪽 바다에서 달이 고개를 내밀었다. 보름달이었다. 킹 목사는 장엄한 대자연 앞에 새삼 고개가 숙여졌다. 그는 마음속으로 외쳤다.

'주님은 어둠 속에서도 빛을 우리에게 주신다. 칠흑 같은 어둠 속에 빠져서 절망에 몸부림치는 순간, 우리의 영혼에는 찬란한 빛줄기가 움튼다.'

킹 목사는 인도 여행 중에 자연에서도 큰 감동을 받았지만, 엄청나게 많은 사람의 물결과, 가난에도 불구하고 행복한 모습으로 사는 사람들에게서 더 큰 감동을 받았다. 이제껏 느껴보지 못했던 감동으로 여행 내내 가슴이 벅차올랐다.

인도를 여행하면서 킹 목사는 간디의 아들과 손자, 조카 등 친척들을 만났다. 가장 가까운 곳에서 간디를 지켜본 가족과 이야기하는 동안 간디의 인품과 지도력을 생생하게 느낄 수 있었다. 킹 목사는 간디가 묻혀 있는 라자트를 찾아가서 무덤에 꽃다발을 바쳤다.

"간디, 당신의 판단이 옳았습니다. 인도는 미국보다 가난하지만 미국 사람들보다 훨씬 더 행복하더군요. 인도를 여행하는 동안 사람들을 유심히 살폈지만, 그들에게서 증오와 원한을 발견하지 못했습니다. 비폭력으로 독립을 이루었기 때문이겠지요. 간디, 듣고 계십니까? 당신이 시작한 비폭력 저항 운동은 먼 바다 건너 미국에서도 사람들에게 희망의 메시지를 전달하고 있습니다. 차별로 고통 받는 이 세상 수많은 사람들의 얼굴에 인도 사람들과 같은 사랑과 평화가 깃들 때까지 저는 당신 뒤를 이어 싸울 것입니다."

미국으로 돌아오는 비행기 안에서 킹 목사는 창 밖을 내다보았다. 크고 작은 흰구름의 무리들이 한가하게 오가며 아름다운 풍경을 연출하고 있었다. 마음에 평화가 찾아오는 듯했다. 인도에서 얻은 것은 예상했던 것보다 훨씬 컸다. 그는 이제 어떤 일이 있어도 흔들리지 않을 확신을 얻은 것이다.

'폭력은 새로운 폭력을 낳고, 원한은 또 다른 원한을 낳는다. 나는 앞으로 원한도 증오도 폭력도 없는 사랑의 공동체를 만들어 나갈 것이다. 그것이 곧 하나님의 세상이다.'

정든 몽고메리를 떠나며

몽고메리에 온 지 4년째 되던 해 킹 목사는 SCLC(남부교회 지도자 협의회)로부터 애틀랜타로 오라는 제안을 받았다. 그는 몽고메리를 떠나고 싶지 않았다. 몽고메리에서 있었던 일들이 머리를 스쳐 지나갔다. 하나같이 어제 일처럼 생생했다.

'4년을 함께 한 많은 사람들 곁을 떠나야 한다니……'

킹 목사는 망설였다. 그러나 SCLC에서는 1년 동안이나 줄기차게 졸랐다.

"이제 투쟁을 남부 전역으로 확대해야 합니다. 목사님이 협의회 일에 시간을 많이 내셔야 하는데, 몽고메리에 계시면 장거리 여행에 시간이 낭비됩니다. 본부 가까이에 오시면 일이 훨씬 능률적일 것 같습니다."

몽고메리를 떠나는 일은 킹 목사 개인의 문제가 아니었다. 흑백 차별 제도에 대한 전면 공격을 시작할 때였으므로, 시간을 아낄 수 있다면 그가 애틀랜타로 옮기는 수밖에 없었다.

사실 몽고메리 운동이 시작된 후 그는 잠시의 여유도 갖지 못했다. 인도에서 돌아온 후 일주일에 한 번씩 명상을 하기로 결심했지만, 산더미처럼 쌓인 일 때문에 시간을 낼 틈이 없었다. 새로운 공부를 할 시간조차 부족한 상황이었다. 지난 4년 동안 갖고 있는 지식을 퍼내기만 했고, 코앞에 닥친 문제들을 해결하느라 정신없이 지내다 보니, 가족과 지낼 시간은커녕 잠 잘 시간도 부족했다. 자신을 돌아볼 여유 있는 시간이란 그림의 떡이었다.

'그래, 나를 충전할 때야. 독서와 사색으로 좀 더 나은 나를 만들어야지. 크게 본다면 그것이 차별 철폐 운동을 성공시킬 수 있는 힘이 될 거야. 애틀랜타로 간다면 이런 것들이 가능하지 않을까?'

킹 목사는 어렵게 애틀랜타로 떠날 결심을 했다.

4장

영원한 승리를 향해

케네디 의원의 도움

많은 사람들이 흑인 차별 문제에 관심을 갖게 되자, 이런 분위기에 위협을 느낀 보수 세력이 킹 목사를 고소했다. 몽고메리에서 소득세 신고서를 허위로 기재했다는 명목이었다. 흑인 운동의 힘을 빼려는 술수였다.

"세상에, 목사가 그럴 수가 있어?"

"흑인 운동이네, 평등이네 하면서 사람들을 현혹시키더니……."

백인 사회의 보수 세력은 언론을 내세워 여론을 들끓게 만들었다.

"흥, 잘난 체하는 검둥이 킹 녀석, 이번에는 고생 좀 할걸."

"적어도 10년은 감방에서 썩을걸. 그래야 다시는 우리들한테 덤비지 못하지."

"맞아, 어디서 검둥이들이!"

"10년도 짧지. 다시는 설치지 못하게 본때를 보여야 해."

킹 목사는 흑백 차별 철폐 운동의 구심점이었고, 구심점인 킹 목사가 구속된다는 것은 운동의 중단을 의미했다.

이제 킹 목사라는 이름은 한 개인을 지칭하는 이름이 아니었다. '마틴 루터 킹'이라는 이름은 곧 흑백 차별 철폐 운동의 대명사였다. 『제트』라는 잡지에서는 그를 '신의 계시를 받은 희망의 상징', '남부의 흑인들에게 새로운 자존심을 심어 준 현대의 모세'라고 불렀다. 킹 목사는 본의 아니게 자신에게 주어진 엄청난 책무가 때로는 부담스러웠다. 사실 그는 이제 겨우 30세의 젊은이일 뿐이었다. 그러나 그는 자기에게 주어진 벅찬 현실로부터 도망치지 않고 최선을 다해 맞섰다. 그 결과 그는 몽고메리의 흑인 지도자가 되었고, 나아가 미국은 물론 전세계의 주목을 받는 존재가 된 것이다. 언젠가 그는 친한 친구인 J. 트바이버에게 이렇게 털어놓았다.

"나는 때때로 죽고 싶어져. 스물일곱 살에 지위가 너무 높아지면 앞날이 큰일인 거야. 사람들은 앞으로 나에게 빈 모자 속에서 토끼를 만들어 보라고 요구할지도 몰라."

그러나 도망갈 수도 없는 노릇이었다. 그는 자신에게 주어진 무거운 짐을 감내하지 않을 수 없었다.

재판 날 아침, 법정 안은 킹 목사의 재판을 보기 위해 모여든 백인들로 가득 찼다. 게다가 판사, 검사, 배심원단, 검찰 측 증인들까지 모두 백인이었다. 법정 분위기로 볼 때, 킹 목사의 패배가 확실할 것 같았다.

킹 목사는 침착해야 한다고 속으로 되뇌었다. 재판에 참석한 흑인들은 불안한 표정을 감추지 못했다. 변호를 맡은 윌리엄 밍 변호사와 허버트 델라니 변호사가 킹 목사를 격려했다.

"너무 걱정 마십시오. 정의는 꼭 승리합니다."

재판은 사흘 동안이나 계속되었다. 불리한 입장에서 시작되었지만, 지혜롭고 세련된 변론에 힘입어 점점 킹 목사에게 유리한 쪽으로 재판이 진행되었다. 변호인들은 전원 백인으로 구성된 배심원단의 마음을 돌리는 데 온 힘을 쏟았다. 배심원들은 몇 시간 동안 열띤 토론을 했다. 백인이라서 백인 편을 들 것인가, 정의의 편에 설 것인가…….

드디어 배심원들이 결단을 내릴 때가 왔다. 법정에는 여느 때와 다른 팽팽한 긴장이 감돌았다. 어느 누구도 결과를 예측할 수 없는 상황이었다. 킹 목사는 그 와중에도 눈을 지그시 감고 작은 소리로 기도를 올렸다.

"저들에게 공정한 눈과 마음을 주시옵소서. 남부 흑인 운동이 순탄하게 이어질 수 있도록 도와 주십시오. 주님께서 함께 하심을 믿습니다."

잠시 후, 배심원 대표가 자리에서 일어섰다.

"우리 배심원들은 마틴 루터 킹 목사의 위증 혐의에 대해 무죄 평결을 내립니다."

그 순간 법정 안은 찬물을 끼얹은 듯 조용했다. 전혀 예상 밖의 결과에 하나같이 벌린 입을 다물지 못했다. 그때 한 흑인 남자가 자리에서 벌떡 일어서며 외쳤다.

"와아, 우리가 이겼다! 킹 목사 만세!"

그제야 법정 안이 술렁거리기 시작했다. 흑인들은 서로 얼싸안으며 기뻐했고, 백인들은 못마땅한 표정으로 법정을 빠져나갔다.

이 일로 킹 목사는 '완고하고 편파적인 배심원들을 정의의 편이 되게 하려면 유능한 변호사의 도움이 꼭 필요하다'는 사실을 깨달았다.

반대파들은 계속해서 킹 목사에게 싸움을 걸어 왔다. 킹 목사만 사라진다면 흑인 운동이 이렇게 조직적으로 이어질 수 없을 것으로 생각했기 때문이다.

1960년 10월의 어느 날, 킹 목사는 리치 백화점으로 향했다. 그는 자신에게 다가올 일을 전혀 예감하지 못했다. 당시 리치 백화점에서는 학생들이 '런치 카운터(Lunch Counter : 점심을 파는 식당의 탁자) 연좌 운동'을 하고 있었다. 그곳에서 그는 학생들과 연좌 문제에 관해 토론하기로 되어 있었다.

킹 목사가 이끄는 흑인 차별 철폐 운동은 서서히 학생들 사이에서도 힘을 발휘하기 시작했다. 그러던 중 브레어라는 노스캐롤라이나 대학 학생이 '흑인에게는 식사를 제공하지 않는다'는 기숙사 식당의 규칙에 반발하여 '보이콧(Boycott : 불매, 배척 운동)'을 하기로 결심했다.

브레어는 다음날 친구 두 명과 함께 울워드 백화점의 런치 카운터에 앉았다. 울워드 백화점의 런치 카운터는 유명한 백인 전용 식당이었다. 그들은 다음날에도 런치 카운터에서 음식도 먹지 못한 채 앉아 있었다. 그러자 미국 전역에서 수많은 학생들이 이들과 뜻을 같이 했다. 그리하여 '런치 카운터 연좌 운동'이 시작된 것이다.

"목사님, 이번 연좌 운동에 함께 참여하시면 안 될까요? 목사님이 참여하시는 것만으로도 큰 힘이 될 것 같습니다."

토론이 끝나고 한 학생이 제안했다. 킹 목사는 조금의 망설임도 없이 학생들과 행동을 함께 했다. 그 자리에 경찰관이 들이닥쳤다. 백화점 상인들이 고소를 한 것이다. 그는 280명의 학생들과 함께 체포되었다. 플튼 교도소에 수감된 킹 목사는, 1년이든 5년이든 징역을 다 치르겠다는 각오를 다졌다.

'우리들이 희생하는 모습을 보여 주면 흑인들이 단결하게 될 거야.'

그의 판단은 옳았다. 닷새 만에 여론은 그들의 구속이 옳지 않다는 쪽으로 기울었다. 게다가 6일째 되는 날 오후에는 고소했던 상인들이 고소를 취하했다. 법원에서는 킹 박사와 학생들을 더 이상 감금할 이유가 없어졌다. 그들은 바로 석방되었다. 그런데 석방을 기뻐할 틈도 없이 킹 목사는 서류 한 장을 받았다.

'집행 유예기간 중 법을 위반한 사실이 있으므로 드캘브 교도소로 이송한다.'

킹 목사는 침착하게 어떻게 된 일인지 기억을 더듬어 보았다. 한 가지 떠오르는 사건이 있었다.

그는 애틀랜타에 온 지 얼마 되지 않았기 때문에 앨라배마 운전면허증을 가지고 있었다. 1960년 5월 4일 밤, 그는 차를 운전해 드캘브 거리를 지나가고 있었다. 그때 경찰이 다가왔다.

"운전면허증을 변경하지 않았군요. 교통법규 위반입니다."

어이 없이 당한 일이지만, 벌금만 내면 된다는 변호사의 말에 마음을 놓았다. 그런데 벌금뿐만 아니라 6개월 집행 유예가 선고되었던 것이다. 그러나 당시에 애틀랜타로 이주한 지 얼마 만에 운전면허증을 변경해야 하는지에 대한 법령 같은 것은 없었다. 또 그런 일로 집행 유예나 벌금을 물린 예도 없었다. 무슨 수를 써서라도 킹 목사를 궁지에 몰아넣으려는 반대파의 술수에 말려든 것이었다.

결국 킹 목사는 드캘브 법정에서 재판을 받았다.

"6개월 강제 노역형을 선고한다."

그는 드캘브 교도소에 수감되었다. 이런저런 생각에 잠겨 있다가 막 잠이 들려고 하는데 교도관이 문을 열고 들어왔다.

"일어나!"

교도관은 킹 목사를 끌고 나가더니 강제로 차에 밀어 넣었다. 두 발목을 쇠사슬로 꽁꽁 감아 차 바닥에 묶었다. 잠시 후 차가 출발했다. 그는 옴짝달싹할 수 없는 상태로 어디로 가는지도 모른 채 웅크리고 있었다. 이제껏 느껴 보지 못한 공포가 온몸으로 스며들었다. 이 차가 닿는 곳에 죽음이 기다리고 있을지도 몰랐다.

교도관들은 킹 목사를 함부로 다루었다. 조금이라도 움직이면 발로 마구 찼다. 그가 물 한 모금 먹지 못하고 짐승처럼 묶여 있는데도 교도관들은 개의치 않고 수다를 떨었다. 차는 쉬지 않고 계속 달렸다.

킹 목사는 이런저런 일들을 수없이 겪어 왔지만, 이렇게 죽고 싶을 만큼 고통스러운 적은 없었다. 시간이 계속 가기를 바랄 수도, 시간이 멈추기를 바랄 수도, 차가 멈추길 바랄 수도, 끝도 없이 계속 가길 바랄 수도 없었다. 이것이 모두 교통 법규를 위반한 대가라니, 기가 막힐 따름이었다.

차가 닿은 곳은 레이즈빌 교도소였다. 킹 목사는 격리용 독방에 갇혔다. 정신병자 죄수나 교도관을 폭행한 죄수들을 가두는 곳이었다.

　킹 목사가 새벽에 끌려 나갔다는 소식을 들은 사람들은 분노를 감추지 못했다. 당시 대통령 후보였던 케네디 상원 의원은 킹 목사의 아내에게 전화를 했다. 코레타는 임신중이었기 때문에 신경이 날카로웠고, 거듭되는 남편의 투옥 소식에 지쳐 있었다. 안정을 취해야 하는 때에 안정은커녕 남편 걱정으로 밤낮을 보내야 했다.

　"내가 할 수 있는 모든 방법을 동원해 킹 목사를 석방시키겠습니

다. 걱정하지 마십시오, 부인. 킹 목사는 무사히 곧 나오게 될 테니까요."

그제야 코레타는 마음이 안정되는 것 같았다.

킹 목사와 케네디 상원의원은 평소 서로에 대해 잘 알고 호의를 느끼고 있었다. 화가 난 케네디는 곧바로 판사에게 전화를 걸었다.

"대체 킹 목사를 풀어 줄 수 없는 이유가 무엇입니까?"

케네디의 강력한 항의 덕분에 킹 목사는 바로 다음날 레이즈빌 교도소를 나왔다. 돌이키고 싶지 않은 악몽 같은 시간이었다.

그 해 11월, 흑인들의 압도적인 지지 속에 케네디는 대통령에 당선되었다.

흑인 운동의 상징, 올버니

조지아 주 올버니는 인종 문제로 긴장과 갈등이 더없이 심한 곳이었다. 특히 이 지역은 흑백 차별이 극심했다. 흑인들의 울분은 이미 목까지 차올라 있었다. 흑인들은 이곳에서 동등한 인간으로 대우받지 못했다. 지난 100년 동안 정치·경제·교육에서 소외를 당한 흑인들의 생활은 노예나 마찬가지였다. 그들은 태어나는 순간부터 차별을 받았고, 일생 동안 차별을 받으며 살다가 죽었다. 차별은 곧 흑인들의 생활 자체였다. 학교에서도 도서관에서도 공원에서도, 길을 갈 때도 버스를 탈 때도 그들은 차별의 고통을 겪어야 했다. 심지어 식당에서 음식을 먹을 때에도 흑백 차별이라는 굴욕을 함께 먹어야 했다.

몽고메리에서 작은 불씨로 시작된 인종차별 반대 투쟁의 불길이 올버니에도 서서히 옮겨붙고 있었다. 어느 누구도 막을 수 없는 뜨겁고 거센 불길이었다. 이제껏 울분을 속으로만 삭이던 흑인들은 너나 할 것 없이 이 투쟁에 참가하였다.

흑백 차별주의자들은 이제껏 자신들이 누리던 것들을 빼앗기지 않으려고 완강하게 저항했다. 흑인들은 '비폭력'이라는 원칙을 세우고 그들과 맞섰다. 그들은 죽음도 두려워하지 않았다. 자신들의 희생으로 후손들이 평등과 자유를 누릴 수 있다면 영원히 사는 것이라고 믿었기 때문이다.

1961년 12월, 자유 승차 운동으로 올버니의 비폭력 투쟁이 시작되었다. 이 투쟁 방법은, 주 사이를 운행하는 버스를 타고 남부 전역을 여행하면서 흑인들이 겪는 모욕을 고발하는 것이었다.

흑인들은 새로운 비폭력 투쟁 방법을 계속 개발했다. 공공장소에서의 차별과 학교 차별, 투표권 부인에 대해 항의했다. 백인 전용 수영장이나 교회를 이용하는 것도 투쟁의 한 방법으로 사용했다. 정치적인 발언이나 투옥 투쟁, 보이콧 등등 비폭력 원칙이 지켜지는 한 모든 방법을 동원했다.

킹 목사는 SCLC(그리스도교 지도회의)의 의장으로서 올버니에 가게 되었다. 며칠 동안 머무르면서 올버니 운동을 지원하고, 항의 운동에 도움을 주기 위해서였다. 그런데 올버니에 와서 생각이 바뀌었다.

'올버니 운동은 나한테 아주 큰 의미가 있어. 직접 참여하는 것이 올버니에도 나 자신에게도 큰 도움이 될 것 같아. 지금 당장 내가 있어야 할 자리는 바로 여기야.'

12월 16일, 올버니의 흑인들은 자유를 향한 힘찬 발걸음을 내디뎠다. 킹 목사는 올버니의 흑인들과 함께 거리 행진 투쟁에 참가했다. 그러나 흑인들이 허가도 받지 않고 거리에서 단체 행동을 했다는 이유로 킹 목사는 곧바로 수감되었다.

'크리스마스 때까지는 여기서 쉬는 셈치고 있어야겠군.'

교도소에는 이미 수많은 흑인들이 잡혀 와 있었다. 의사, 약사, 변호사, 교사 등 각종 분야의 전문가들로부터 주부, 학생들에 이르기까지 교도소는 흑백 차별 제도를 없애야 한다고 생각하는 사람들의 합숙소와 같았다. 이제 교도소는 흑인들의 투쟁 장소가 되었다. 그들은 한결같이 당당했다.

그 기세에 눌린 시 당국은 법원에 요청하여 흑인들을 석방했다. 700명의 흑인들이 석방되던 날 밤, 킹 목사는 대중 집회에 모여든 사람들의 열기를 보고 다시 한 번 승리를 예감할 수 있었다.

1962년 6월 말, 킹 목사는 애틀랜타에서 항의 운동 경험이 풍부한 사람들로 지원 부대를 꾸려 다시 올버니로 향했다. 2월에 올버니 시민과 함께 재판에 회부된 적이 있는데, 그 재판 날이 다가오고 있었다.

7월 10일 오전 10시, 재판이 시작되었다. 판사는 재판의 개회를 선언하고 곧바로 준비해 둔 기록을 읽었다. 킹 목사에게는 178달러 벌금형이나 45일 간의 강제 노역형이 선고되었다. 그는 벌금을 내지 않겠다고 선언하고 올버니 시립 교도소에 수감되었다. 제 집처럼 감옥을 드나들었지만, 그는 눈앞에 펼쳐진 끔찍한 현실 앞에 두 눈을 의심했다.

올버니 시립 교도소의 감방은 상상할 수 없을 만큼 더러웠다. 숨이 막힐 정도였다. 가만히 앉아 있으면 바퀴벌레가 목을 타고 올라왔다. 바퀴벌레와 개미 떼가 온몸을 놀이터인 양 기어다녔다. 어디서도 맡아 보지 못한 악취가 풍겨 숨도 제대로 쉬지 못할 정도였다.

킹 목사는 막막한 심정으로 더러운 매트리스를 바라보고 있었다. 그때 젊은 청년들이 소독제와 비누를 들고 청소를 하러 들어왔다. 킹 목사가 이런 교도소 안의 사정을 밖으로 알릴 것을 두려워한 교도소장의 지시였다.

킹 목사는 강제 노역 활동에서도 제외되었다. 꼼짝하지 말고 감방 안에만 있으라는 것이었다.

'차라리 거리에서 강제 노역을 하는 편이 정신 건강에 더 좋을 텐데…….'

일분 일초를 아껴 가며 살아온 킹 목사로서는 45일 동안 이렇게 지내야 할 일이 견디기 힘든 형벌이었다. 그는 무기력해지려는 자신을 타일렀다.

'이 고통은 큰 뜻을 이루기 위해 나 스스로 선택한 일이야. 꿋꿋이 견뎌야 해.'

그래도 고통은 줄어들지 않았다. 새의 지저귐 소리, 해와 달과 별, 신선한 공기가 그리웠다. 어디로 눈을 돌려도 아름다움은 없었다.

교도관이 그의 이름을 부르고 '면회'라고 말하는 순간, 그는 자리에서 벌떡 일어섰다.

창살 밖에서 킹 목사를 기다리고 있는 것은 영원한 그의 연인 코레타였다. 그녀는 다른 여자들과는 분명 달랐다. 코레타는 교도소를 들락거리는 남편을 조금도 부끄러워하지 않았다. 오히려 불의에 맞서 싸우는 남편을 위로하고 격려했다. 그는 아내의 깊은 이해와 사랑에 대해 늘 고마워하고 있었다.

"여보, 아이들은 잘 있소?"

코레타를 보자, 그는 아이들의 모습이 떠올라 가슴이 뭉클했다.

"그럼요, 쑥쑥 자라고 있죠. 욜란다는 아빠를 많이 찾아요."

"그래서 뭐라고 그랬소?"

"감옥에 계신다고 했지요. 그 소리를 듣고 얼마나 울던지…… 아빠가 무슨 나쁜 짓을 했냐면서…… 달래느라 혼났어요."

킹 목사는 가족에게 미안한 마음에 고개를 들 수 없었다.

"걱정 마세요. 아빠는 잘못을 저질러서 감옥에 가신 게 아니라, 사람들을 돕기 위해서 가신 거라고 말해 주었어요."

코레타는 밝은 표정으로 남편을 위로했다.

'욜란다가 그 말의 뜻을 알까?'

코레타가 떠난 후, 킹 목사는 생각에 잠겼다. 찜통 같은 더위가 생각을 방해했다. 땀이 비 오듯 흘러내렸지만 바람 한 줄기 들어오지 않았다. 잠자리에 들었지만 잠도 오지 않았다. 침대가 너무 딱딱했다. 이리 누워도 저리 누워도 불편했다. 한밤중에야 겨우 잠이 들었다. 몸 여기저기가 욱신욱신 쑤셔 왔다. 통증 때문에 잠에서 깨어나 보니 새벽이었다.

8시쯤 아침 식사가 왔다. 킹 목사는 커피에 크림과 설탕이 들어간 것을 보고 깜짝 놀랐다. 많은 교도소를 거쳐 왔지만, 커피에 크림과 설탕이 함께 나오는 곳은 없었기 때문이다. 작은 일에 이토록 기뻐하는 자신을 발견하자 웃음이 나왔다. 덕분에 그는 오랜만에 행복한 마음으로 아침 식사를 했다.

그날 오후, 대중 집회에 참석했던 흑인들이 줄지어 교도소로 들어왔다. 그들은 자기 감방으로 가기 전, 킹 목사의 감방 앞에 멈추어서 함께 노래를 했다. 그는 혼자가 아니었다. 그는 높은 담 안에 갇혀 있지만, 아직도 바깥에서는 흑인들의 자유를 위해 수많은 사람들이 싸우고 있었던 것이다. 그의 온몸에서 힘이 솟아올랐다.

노랫소리를 듣고 교도관들이 달려왔다. 그들은 킹 목사를 어디론가 데려갔다. 캄캄한 유치장 안에는 아홉 명의 죄수가 있었다. 낮에도 햇빛 한 점 들어오지 않는 곳이었다.

'아직도, 문명 세계에 이런 곳이 존재하고 있다니!'

낮인지 밤인지도 모른 채 하루하루가 지나갔다.

"킹 목사! 사복으로 갈아입으시오."

아침 일찍 교도관들이 킹 목사를 재촉했다. 그는 무슨 일일까 생각하며 옷을 갈아입었다.

교도관들은 킹 목사를 교도소장에게 데리고 갔다.

"이제 나가셔도 좋습니다. 이미 벌금이 납부됐습니다."

"그게 무슨 말입니까?"

교도소장의 말에 킹 목사는 기가 막혔다.

'도대체 누가 나의 허락도 없이 벌금을 낸단 말인가!'

"그것은 제 뜻이 아닙니다. 절대 나갈 수 없습니다. 저는 제 자신에게 떳떳하고 싶습니다. 하늘과 땅, 가족들에게 부끄러운 짓은 할 수 없습니다."

킹 목사가 교도소에 수감되자 올버니 흑인 운동의 불길은 오히려 더 거세게 타올랐다. 그의 수감이 운동을 확산시키는 계기가 되었다고 판단한 백인 측에서 손을 쓴 게 분명했다.

"그건 내가 알 바가 아니오. 어서 나갈 준비를 하시오."

킹 목사는 교도소를 나가게 된 것이 전혀 기쁘지 않았다.

'누구인가? 대체 누가 나를 감옥에서 빼내려 하는가. 그들은 무엇을 바라는 것일까?'

킹 목사는 백인 전용 교회에서 내쫓기고 버스의 백인 전용 칸에서 내쫓기고, 이제 교도소에서까지 쫓겨나게 된 것이다.

올버니 흑인들의 힘

감옥에서 풀려 나온 킹 목사는 흑인들이 많이 모이는 술집이나 공원 등을 발이 부르트도록 찾아다녔다. 킹 목사가 감옥에서 나온 지 얼마 되지 않아, 올버니 경찰관들이 평화 시위대에 폭력을 행사한 사건이 일어났다. 그들은 변호사는 물론이고 임신한 여자까지 마구 짓밟았다. 분노를 참지 못한 흑인들은 경찰관들을 향해 병과 돌을 던지며 거칠게 맞섰다. 이제까지 지켜 온 '비폭력' 원칙이 깨어진 것이다.

소식을 전해 들은 킹 목사는 곧바로 대중 시위를 중단시켰다. 그리고 흑인들이 많이 모이는 곳을 찾아다니며 그들을 설득했다.

"침착해야 합니다. 감정적인 대응으로는 우리가 바라는 것을 얻지 못합니다. 아무리 억울한 일을 당해도 폭력을 사용해서는 안 됩니다."

킹 목사는 '참회의 날'을 선포하고, 비폭력 원칙을 다시 한 번 흑인들에게 강조했다. 흑인들이 무자비하게 얻어맞았음에도 불구하고 비폭력 원칙을 지킬 것을 다짐하자, 온 국민의 관심이 집중되었다.

그러자 올버니 시 당국자들은 재빠르게 자신들도 비폭력 전술을 채택했다고 언론에 퍼뜨렸다. 전국에서 빗발치는 항의를 견딜 수 없었던 것이다. 흑인들의 비폭력은 결국 평화를 불러왔다. 올버니를 뒤흔들던 폭력 사태는 이렇게 해서 빠르게 사그라들었다.

불과 몇 달 사이에 올버니의 흑인들은 큰 변화를 겪었다. 올버니 흑인 인구의 5퍼센트 이상이 자발적으로 감옥에 갔고, 95퍼센트가 흑인을 차별하는 버스와 상점을 상대로 보이콧을 했다.

보이콧의 위력은 대단했다. 버스들은 차고에서 녹이 슬어 갔고 망하는 버스 회사도 나왔다. 흑인들의 보이콧이 오래 이어지자 상인들도 적자가 눈덩이처럼 불어났다. 기업들은 올버니에 투자하려고 하지 않았다. 공원과 도서관에서 흑인들이 평등권을 요구하며 시위를 벌이자, 시 당국은 아예 공원과 도서관을 폐쇄해 버렸다. 그 결과 올버니는 백인들까지 살기 힘든 도시가 되어 가고 있었다. 시 당국에서는 당혹감을 감추지 못했다. 어느 누구도 이제 흑인들의 힘을 무시하지 못하게 되었다.

올버니의 흑인들은 자신들이 힘을 모으면 얼마나 큰 힘이 되는지 알게 되었다. 이제 그들을 멈추게 할 수 있는 것은 어디에도 없었다.

킹 목사는 애틀랜타의 교회로 돌아가기로 마음먹었다. 이제 올버니의 문제는 올버니 시민들과 시 정부에서 해결해야 할 때였다. 킹 목사가 없다고 해도 올버니는 이제 절대로 과거로 돌아가지 않을 것이다. 올버니의 흑인들은 영원한 승리를 향해 행진하고 있었다.

자유의 냄새, 버밍햄 운동

올버니보다 흑백 차별이 훨씬 더 심한 지역이 있었다. 버밍햄이었다. 버밍햄은 평생 노예처럼 살아야 하는 흑인들의 한숨과 탄식 소리로 넘쳐났다. 그러나 그 어둠의 땅에서도 서서히 새벽의 기운이 감돌고 있었다. 버밍햄에 새벽이 온다는 것은 미국 내 전 흑인에게 새벽이 열린다는 뜻이기도 했다.

1962년 5월, 채터누가에서 버밍햄 운동 지원을 논의하기 위해 SCLC 집행부 회의가 열렸다.

"버밍햄에서의 승리는 흑백 차별제도 전체를 무너뜨리는 데 큰 힘을 발휘할 것입니다."

"그렇습니다. 버밍햄 싸움은 시민권 운동 중에서 가장 힘든 싸움이 되겠지만, 여기서 이긴다면 그만큼 큰 의미가 있습니다."

"자유와 정의를 지향하는 전체 운동의 판도가 바뀔 것입니다."

그들은 버밍햄 운동에 적극적으로 나서기로 결정하고, 이 사업 이름을 'C 프로젝트'로 정했다. '버밍햄에서 정의롭고 도덕적인 인종 관계에 다다르기 위한 투쟁에 나선다(confrontation)'는 상징적인 뜻을 지닌 이름이었다. 'C 프로젝트'는 이듬해인 1963년 3월에 본 궤도에 올랐다.

킹 목사가 다시 버밍햄으로 가기 위해 애틀랜타의 집을 떠나기 전날인 3월 28일, 아내 코레타가 네 번째 아이를 낳았다. 딸이었다. 킹 목사는 아내의 손을 꼭 잡았다. 마음의 안정을 위해 남편의 사랑이 어느 때보다 더 필요한 때였다. 이런 때 혼자 위험한 곳으로 떠나야 한다는 말이 나오지 않았다.

"당신, 지금 무슨 할 말이 있는 거죠?"

몽고메리에서는 직접적인 테러의 위험 속에서도 꿋꿋했고, 올버니에서는 감옥에 수없이 갇힌 남편을 도와 함께 적극적으로 활동한 아내였다. 그때 코레타는 자신도 감옥에 가겠다고 해서 주변 사람들이 말려야 할 정도였다. 이처럼 코레타는 중요한 일을 하는 남편의 빈 자리를 묵묵히 채우며 끝없는 사랑과 지원을 보내던 훌륭한 아내였다.

킹 목사에게 그녀는 한쪽 다리나 마찬가지였다. 그녀가 없다면 어떻게 이처럼 우뚝 서 있을 수 있었겠는가. 킹 목사는 이번에도 아내가 전처럼 잘 이해해 주기를 바라는 심정으로 사실을 털어놓았다. 그러자 코레타는 걱정스러운 눈빛으로 말했다.

"저도 가겠어요. 당신만 그 힘든 곳으로 보낼 수는 없어요. 어떤 어려움이 있어도 당신과 함께 하고 싶어요."

그러나 산후 조리가 필요한 산모를 무슨 일이 있을지도 모르는 위험한 버밍햄으로 데려갈 수는 없는 노릇이었다. 킹 목사는 안타까움과 슬픔으로 가득 찬 코레타의 어깨를 감싸 안았다.

"미안하오. 하지만 당신은 이곳에서 가족을 지켜 주시오. 당신과 가족이 건강하게 잘 있다는 사실만으로도 나에게는 큰 힘이 된다오."

"하지만 버밍햄 싸움은 정말 힘이 들텐데요. 버밍햄에서 승리한다면 우리는 영원한 승리를 얻게 되는 거잖아요? 그 승리의 순간에 내가 당신 곁에 있어야 하는데……."

"우리가 승리할 거라고 믿는 거요?"

그제야 코레타는 환한 웃음을 지어 보였다.

"그럼요. 나와 우리 아이들, 그리고 하나님께서 당신 곁에 계시는 걸요. 이제 곧 당신이 꿈꾸던 세상이 당신 앞에 펼쳐질 거예요."

킹 목사는 산고에 지친 아내의 손을 꼭 움켜쥐었다. 아내의 손은 따스했다. 이 손처럼 따스한 아내의 격려가 없었다면 그는 여기까지 오지 못했을지도 몰랐다. 사람들은 그를 위대하다고 말하지만, 그 위대함의 절반은 아내 코레타의 몫이었다. 아내와 갓 태어난 사랑스러운 아기를 뒤로 하고 킹 목사는 마지막 격전지 버밍햄을 향해 떠났다.

버밍햄에서의 투쟁은 대중 집회로 시작되었다. 조직적으로 일을 했기 때문에 집회에 참석한 사람들 중 누군가 구속되어도 집회는 끊이지 않고 계속되었다. 버밍햄의 교도소는 흑인들로 가득찼다.

다음 단계인 시청 행진이 시작되자 흑인들의 기세는 점점 강력해졌다. 중심 상점가에 대한 불매 운동은 놀라운 성과를 올렸다. 부활절이 코앞인데도 중심 상점가를 드나드는 흑인들이 거의 없었다. 상점 주인들은 당황한 빛을 감추지 못했다. 이때까지 버밍햄의 흑인들이 이렇듯 일치단결해 본 적이 없었다. 그저 죽은 듯 조용히 분노를 안으로 삼키며 백인들의 질서에 순응해 살아온 것이다.

시가 행진을 앞둔 날 SCLC 집행위원이 킹 목사에게 말했다.

"킹 목사, 감옥에 가서는 안됩니다. 당신이 해야 할 일이 너무나 많습니다. 감옥에 가서 그 일들을 못하게 되면 우리는 지게 됩니다. 내일 시가 행진에는 빠지는 게 좋겠습니다."

킹 목사는 호텔 방으로 돌아와 깊은 고민에 빠져들었다. 감옥에서 승리를 기다리고 있을 수많은 흑인들의 모습이 떠올랐다. 그리고 불평등의 바다를 건너 인종차별이 없는 자유의 땅으로 갈 날만을 기다리며 매일같이 시위에 참석하는 사람들의 모습도 눈앞에 어른거렸다.

킹 목사는 동료들이 모여 있는 방으로 찾아가서 자신의 결심을 이야기했다.

"여러분, 저는 결정했습니다. 모든 흑인들과 같이 하기로……. 어떤 이유로도 저는 여기서 빠지고 싶지 않습니다."

다음날 킹 목사는 시온 힐 교회로 갔다. 거기서 행진을 시작할 예정이었다. 주변에는 경찰관들이 진을 치고 있었다. 버밍햄의 경찰력이 모두 동원된 것 같았다. 일행 50명은 그룹을 이루어서 교회를 떠나, 중심가로 이어지는 금단의 거리로 들어섰다. 장엄한 행진이었다. 그들은 경찰이 허용한 것보다 더 먼 곳까지 걸어갔다.

시위대가 중심가로 다가섰을 때였다.

"체포하라!"

경찰서장의 명령에 따라 50명 전원이 순식간에 체포되었다.

킹 목사는 독방에 갇혔다. 24시간 동안 면회조차 되지 않았다. 그는 그 24시간이 자신이 이제껏 살아온 날들보다 더 길게 느껴졌다. 버밍햄에서의 한 시간은 평소의 한 시간과는 전혀 달랐다. 일분 일초가 아까웠다. 버밍햄의 시간은 흑인들의 자유를 위해 줄달음치는, 역사적인 시간이었다. 그러나 킹 목사는 무엇이 어떻게 돌아가는지 전혀 알 수 없었다. 그가 살아온 날들 중에서 가장 절망적인 순간이었다.

남편의 체포 소식을 들은 코레타는 곧장 케네디 대통령에게 전화를 걸었다. 대통령은 버밍햄 시 당국에 전화를 걸어 코레타와 통화하게 해 주었다. 대통령의 도움으로 상황은 좋아지기 시작했다.

킹 목사는 8일 만에 감옥에서 나왔다. 그는 하늘을 보았다. 숨을 한번 크게 내쉬었다. '자유'가 몸 안으로 들어왔다. 이런 느낌일 것이다. 버밍햄의 흑인들이 당하고 있는 온갖 박해에서 벗어나는 순간, 그들은 이런 '자유의 냄새'를 맡게 될 것이다. 킹 목사는 쉴 틈도 없이 투쟁의 현장으로 달려갔다.

아름다운 바이러스

    날마다 시위를 하고 날마다 수많은 흑인들이 감옥으로 잡혀갔다. 시 당국은 팔짱을 끼고 구경이나 하다가 흑인들이 시위를 하면 붙잡아 교도소에 집어넣으면 된다는 식이었다. 달걀로 바위 치는 격으로, 상대는 꿈쩍도 하지 않는데 흑인들의 희생은 너무나 컸다.

    '젊은이들을 설득해야 해. 자유와 정의가 그들에게 얼마나 중요하고 이로운지 알리는 거야. 그리고 그들의 힘을 모아 보자. 젊은이들은 순수하니까, 옳고 그른 것에 대한 판단이 더 정확해. 그리고 옳다고 생각하면 헌신적으로 나설 거야.'

    오랜 고민 끝에 킹 목사는 결단을 내리고, SCLC 활동가들과 함께 버밍햄 시내의 고등학교와 대학을 돌아다녔다. 교회 모임에 참석할 것을 호소하기 위해서였다. 그의 판단은 옳았다. 예상보다 훨씬 많은 학생들이 대중 집회에 참석했다.

킹 목사는 맑은 눈을 반짝이며 자신을 바라보는 청년들을 대하자 가슴이 벅차올랐다.

"여러분, 버밍햄에 자유를 가져와야 합니다. 그 자유는 지금 당장 가져와야 하는 것입니다. 여기 모인 아름다운 청년 여러분, 여러분의 열정을 버밍햄이 기다리고 있습니다!"

청년들의 호응은 대단했다. 그들의 순수한 열정을 보자 킹 목사는 버밍햄 운동을 승리로 이끌 수 있겠다는 확신이 들었다. 집회의 열기는 더욱 뜨거워지고 있었다.

"승리의 그날까지 우리들도 함께 하겠습니다!"

청년들이 일제히 목청껏 외쳤다. 그 우렁찬 외침은 계속되는 시위와 투옥에 지쳐 있던 사람들에게 큰 힘으로 다가갔다.

학생들의 시위 참여를 막기 위해서 교문을 아예 잠가 놓는 학교도 있었다. 학생들은 담을 넘어 시위에 참여했다. 퇴학을 시키겠다는 학교측의 협박에 신경을 쓰는 학생은 아무도 없었다. 교도소에는 시위를 하다 붙잡힌 학생들로 넘쳐 났다.

청소년들의 활약은 눈부셨다. 그들의 재치는 때때로 큰 힘을 발휘했다. 청소년 몇 명이 교회 한쪽 문에 모여 노래를 부르고 구호를 외치면 경찰관들의 신경이 그쪽으로 집중되었다. 그 틈에 스무 명

가량의 다른 청소년들은 경찰관들의 눈을 피해 중심가에 있는 시위 행렬을 향해 달려갔다.

시위대에는 어머니와 함께 온 여덟 살짜리 여자아이도 있었다. 경찰관은 기가 막힌다는 듯한 표정으로 그 여자아이에게 물었다.

"네가 대체 원하는 게 뭐냐?"

여자아이는 경찰관의 눈을 똑바로 쳐다보며 말했다.

"자유요!"

이제 아이들도 진실이 무엇인지, 무엇을 위해 이렇게 싸우고 있는지 정확하게 알고 있었다. 초등학교에 다니는 어린 학생들조차 시위에 참가하겠다고 졸랐다. 감옥에 가는 것도 마다하지 않겠다는 것이었다.

"얘들아, 너희들은 아직 어려서 감옥에 들어갈 수가 없단다."

"저희들도 자유를 위해 싸울 거예요!"

시위를 이끄는 지도부는 아이들을 달래느라 진땀을 흘렸다. 그 중에 한 사람이 제안했다.

"너희들, 도서관에 가는 게 어떻겠니? 이제껏 쫓겨날까봐 가지 못한 백인 구역에 가서 책을 보는 거야. 책도 읽고 투쟁도 하고, 어때?"

아이들은 그 말을 듣자 우르르 도서관으로 몰려갔다. 며칠 전만 해도 들어갈 엄두조차 내지 못한 백인 구역에 당당히 들어가 책을 읽으면서, 흑인 아이들의 머릿속에는 '자유'가 무엇인지 자연스럽게 자리 잡게 되었다. 자유라는 아름다운 바이러스가 버밍햄의 전 흑인들에게 퍼지고 있었다.

교도소는 이제 더 이상 들어갈 곳이 없을 만큼 가득찼다. 미국 전역에서 무능한 버밍햄 시 당국과 경찰에 대해 비난의 여론이 들끓었다. 버밍햄 당국은 시위대에 더 강력하게 대응하기로 결정했다.

경찰의 매서운 공격이 시작됐다. 땅에 엎어져 있는 여자들 등에 경찰관들의 군화 자국이 찍혔다. 어린아이들이라고 해서 예외는 없었다. 경찰견들이 이빨을 드러내고 아이들에게 달려들었다. 고압 호스에서 뿜어져 나온 거센 물이 시위자들의 몸을 날려 버리기도 했다.

이런 무자비한 경찰의 폭력에도 시위대는 침착하게 대응했다. 어떤 경우에도 폭력을 사용하는 사람은 없었다. 그저 주먹에 맞고 발에 차이고, 물세례를 당하고 경찰견에게 물리면서 행진을 계속할 뿐이었다.

가장 어려운 시기였지만 그들은 하나로 똘똘 뭉쳤다. 서로 땀을 닦아 주고 위로했다. 누구 하나가 다치면 가족이 다친 듯 서로서로 정성껏 치료해 주었다. 어떤 어려움이 닥쳐도 그들은 꿈쩍 하지 않았다. 오히려 비 온 뒤의 땅처럼 더 단단해졌다.

시위자들이 묵묵히 폭력을 견디며 행진하는 모습이 TV 화면을 통해, 신문 사진을 통해 미국과 세계 각지로 퍼져 나갔다. 그들의 용기 있는 행동은 많은 백인들의 마음을 움직였다. 도덕성과 양심이 살아 있는 백인들의 마음이 흑인들 편으로 돌아서기 시작했다.

버밍햄의 분위기는 완전히 반전되었다. 그동안 흑인들의 주장에 대해 귀 막고 있던 많은 백인 시민들이 귀를 열기 시작했다. 불매 운동과 시위로 판매가 줄어 울상을 짓던 상인들도, 이 문제를 빨리 해결해 흑인들이 자기네 물건을 팔아 주기를 바라고 있었다. 경찰도 어떻게 할지 망설이는 지경이 되고 말았다.

시립 교도소 부근에서 기도회를 열기 위해 흑인들이 행진하고 있을 때였다. 그들을 막기 위해 경찰관들이 경찰견과 소방 호스를 들고 줄지어 서 있었다. 경찰서장이 시위대를 노려보며 소리쳤다.

"돌아가라!"

"우리는 그럴 수 없습니다. 흑인들의 자유와 권리를 되찾는 날까지 절대로 돌아갈 수 없습니다."

"소방 호스 작동시켜!"

시위대는 그 자리에 무릎을 꿇고 앉아 자신들을 에워싼 경찰관들을 바라보았다. 그리고 천천히 일어서서 행진을 계속했다. 경찰관들은 마치 집단 최면에라도 걸린 듯 멍하니 서 있었다. 비폭력의 위력이었다.

버밍햄의 승리

　흑인들의 요구를 검토하기 위해 '중견 시민 위원회'가 소집되었다. 회의장은 반대파의 목소리로 가득 찼다. 버밍햄 문제를 해결하는 데는 시간이 많이 걸릴 듯한 분위기였다. 점심 시간이 되어 회의가 중단되었다.

　경제계 대표 125명이 식사를 하기 위해 거리를 지나가고 있을 때였다. 수천 명의 흑인들이 시내를 행진하고 있었다. 교도소가 이미 꽉 차 있었으므로 더 이상 체포할 수도 없었다. 흑인들은 보도와 차도를 가득 메우고 상점가 통로에 앉거나 서 있었다. 완전히 흑인 천지였다. 그러나 폭력을 휘두르는 사람은 단 한 명도 없었다. 대신 흑인들은 노래를 부르고 있었다. 버밍햄 중심가로 자유의 노래가 울려 퍼졌다.

이 도시의 핵심 인물들인 경제계 대표들은 그제야 더 이상 방법이 없다는 사실을 깨달았다. 그들은 점심을 먹는 둥 마는 둥 하고 회의장으로 돌아왔다. 가장 완강하게 반대하던 한 사람이 목을 가다듬더니 한참 만에야 입을 열었다.

"줄곧 생각해 보았는데, 어떤 해결책을 찾아야 할 것 같습니다."

5월 8일 밤부터 다음날 밤까지 협상이 계속되었다.

5월 10일, 드디어 다음과 같은 내용의 협약이 발표되었다.

1. 런치 카운터, 화장실, 탈의실, 술집에서 흑백 차별을 금지한다.

2. 고용 차별을 없애고 승진에서의 차별도 없앤다.

3. 시위 도중 수감된 사람을 전원 석방한다.

4. 흑인과 백인 사이의 대화 통로를 마련한다.

거리에 모여 있던 흑인들은 얼싸안고 눈물을 흘렸다. 그 눈물로 오랜 세월 동안 그들의 마음에 응어리진 한이 한꺼번에 녹아내렸다. 미국의 역사가 시작된 이래 흑인들에게는 가장 감격적인 순간이었다.

5장

새로운 흑인 운동

나에게는 꿈이 있습니다

버밍햄에서 터져 나온 승리의 함성은 힘찬 메아리가 되어 미국 전역으로 퍼져 나갔다. 워싱턴에도 자유의 전염병은 번져 왔다. 그러자 케네디 행정부도 시민권 안건을 의사 일정의 최우선에 놓게 되었다.

흑인 지도자 A. 필립 랜돌프는 탁월한 지도력으로 수십 년간 시민권 투쟁을 이끌어 온 사람이었다. 그에게는 남다른 상상력이 있었다. 시위할 때도 그의 상상력은 힘을 발휘했다.

이번에도 랜돌프는 색다른 제안을 했다.

"각 지역별로 나누어서 했던 투쟁의 열기를 워싱턴으로 모아 보는 건 어떨까요? 아주 강력하게 밀고 나가 미국 전역에 흑백 차별을 완전하게 없앨 기회라고 생각합니다."

누구도 생각해 보지 못한 일이었다. 전국적인 대규모 집회를 경험해 본 사람은 아무도 없었다. 어마어마하게 많은 사람들을 대상으로 한 이 제안이 과연 어떤 결과를 불러 올지 다들 막막하기만 할 뿐이었다.

"비현실적인 것 같습니다."

"맞아요. 수많은 사람들을 모았다가 사소한 폭력 사태라도 일어나면 의회가 돌아설 거예요. 공든 탑 무너뜨리지 말고 그냥 하던 대로 합시다."

"흑인의 능력으로 해낼 수 없는 일입니다."

몇몇 사람들이 무리한 일이라며 고개를 흔들자, 랜돌프의 제안을 지지하는 사람들이 적극적으로 나섰다.

"그동안 우리가 이루어 낸 일과 나라 전체의 분위기로 볼 때 결코 어려운 일이 아닙니다. 지금은 혁명의 열기가 가장 뜨거운 때입니다. 이럴 때 모든 흑인들이 힘을 모은다면 분명히 우리는 승리할 것입니다."

"그렇습니다. 우리는 해낼 수 있습니다. 죽음을 무릅쓰고 싸운다면 못할 게 없습니다."

열띤 토론 끝에 워싱턴 행진을 강행하기로 결정했다. 자유를 향한 흑인들의 열망은 누구도 막을 수 없을 만큼 뜨거웠다. 그 열기는 어떤 장벽도 뛰어넘을 수 있을 것이었다.

1963년 8월 28일, 미국 각지의 흑인들이 하나둘 워싱턴으로 모여들었다. 어떤 사람은 자가용으로, 어떤 사람은 며칠씩 걸려서 버스로, 어떤 사람은 지나가는 트럭을 타고 모여들었다. 방법은 제각각이었지만 워싱턴에 모여든 사람들의 마음은 단 하나, 자유에 대한 열망으로 가득 차 있었다.

가난한 흑인들에게 워싱턴 행은 1년 치 용돈을 모아야 할만큼 경제적 부담이 컸다. 그러나 사람들은 저금을 해약하거나 친지에게 돈을 빌리거나 갖은 방법을 다 써서 돈을 마련했다. 자유가 돈 몇 푼보다 더 중요했기 때문이다.

그날 오후, 워싱턴의 링컨 동상 앞에 전국 각지에서 온 20여만 명의 사람들이 모였다. 흑인들만 모인 것은 아니었다. 피부 색깔과 상관없이 모든 인간은 동등하다고 믿는 수많은 백인들도 워싱턴 행진에 참가했다. 백인 교회의 깃발도 여기저기서 나부끼고 있었다. 백인 교회가 흑인들을 지지하는 시위에 참가한 것은 처음이었다.

이윽고 킹 목사가 연단에 올라섰다. 40여만 개의 눈동자가 그를 응시하고 있었다. 20여만 명이 모였음에도 불구하고 쥐죽은 듯 조용했다.

킹 목사는 가슴이 벅차올랐다. 그는 밤을 세워 작성한 연설문을

펐다. 그는 천천히 입을 열었다. 그러나 그것은 어제 밤새도록 준비
한 연설이 아니었다. 하나님의 계시인 듯 그가 원고도 없이 시작한
연설의 첫 마디는 '나에게는 꿈이 있습니다'라는 것이었다.

나에게는 꿈이 있습니다. 노예의 후손들과 노예 주인의 후손들이 형제처럼 손을 맞잡고 나란히 앉게 되는 꿈입니다.

나에게는 꿈이 있습니다. 불의와 억압이 존재하는 미시시피 주가 자유와 정의의 오아시스가 되는 꿈입니다.

나에게는 꿈이 있습니다. 내 아이들이 피부색을 기준으로 사람을 평가하지 않고 인격을 기준으로 사람을 평가하는 나라에서 살게 되는 꿈입니다.

지금 나에게는 꿈이 있습니다!

나에게는 꿈이 있습니다. 흑인 어린이들이 백인 어린이들과 형제자매처럼 손을 마주잡을 수 있는 날이 올 것이라는 꿈입니다.

지금 나에게는 꿈이 있습니다!

골짜기마다 돋우어 지고 산마다, 작은 산마다 낮아지며 고르지 않은 곳이 평탄케 되며 험한 곳이 평지가 될 것이요, 주님의 영광이 나타나고 모든 사람들이 함께 그것을 보게 될 날이 있으리라는 꿈입니다.

이것은 우리 모두의 희망입니다. 이런 희망이 있다면 우리는 절망의 산을 토막 내어 희망의 이정표를 만들 수 있습니다.

이런 희망이 있다면, 언젠가는 자유를 얻을 수 있다는 확신이 있다면, 우리는 함께 행동하고 함께 기도하고 함께 투쟁하고 함께 감옥에 가고 함께 자유를 위해 싸울 수 있습니다.

내 꿈이 실현되는 날이 반드시 올 것입니다.

뉴햄프셔의 높은 산꼭대기에서 자유의 노래가 울리게 합시다.

펜실베이니아의 웅장한 앨러게이니 산맥에서 자유의 노래가 울리게 합시다.

콜로라도의 눈 덮인 로키 산맥에서 자유의 노래가 울리게 합시다.

캘리포니아의 구불구불한 산비탈에서 자유의 노래가 울리게 합시다.

조지아의 스톤 산에서 자유의 노래가 울리게 합시다.

테네시의 룩아웃 산에서 자유의 노래가 울리게 합시다.

미시시피의 수많은 언덕들과 둔덕들에서 자유의 노래가 울리게 합시다.

전국의 모든 산허리에서 자유의 노래가 울리게 합시다.

모든 주, 모든 시, 모든 마을에서 자유의 노래가 울린다면 흑인과 백인, 유대교도와 기독교도, 신교도와 구교도를 가리지 않고 모든 주님의 자녀들이 손에 손을 잡고 흑인 영가를 함께 부르게 될 그날을 앞당길 수 있을 것입니다.

훗날 미국 역사상 가장 유명해진 킹 목사의 연설은 미국의 산과 들, 높고 낮은 빌딩들과 거리로 울려 퍼져 하늘로 메아리쳤다. 워싱턴 행진에 참가한 사람들은 모두 함께 어깨를 두르고 노래를 부르기 시작했다. 그들의 노래는 집에서 텔레비전을 시청하던 사람들의 마음까지도 움직였다.

킹 목사의 연설은 백인들이 흑인들에 대해 갖고 있던 편견을 사라지게 만들었다.

"흑인이 저렇게 감동적인 말을 할 수 있다니……."

백인 우월주의에 물들어 있던 사람들의 충격은 컸다.

'흑인도 우리와 똑같은 사람이구나…….'

행진에 참여한 사람들이 당당하게 행동하고 질서를 지키는 모습이 텔레비전을 통해 그대로 미국 전역에 생중계되었다.

워싱턴 행진은 흑인들이 무례하고 무식하며, 괴상한 옷을 입고 이상한 행동만 한다고 믿고 있던 사람들의 생각을 완전히 바꾸어 놓았다. 그 결과, 흑인 차별 철폐에 반대하던 많은 사람들을 정의의 편으로 끌어들였다.

워싱턴 행진이 끝난 후, 케네디 대통령은 '시민권 법령'의 제정을 적극적으로 추진하겠다는 뜻을 공식적으로 밝혔다.

폭력이라는 전염병

역사적인 워싱턴 행진이 큰 성공을 거두고 끝난 지 한 달도 채 지나지 않은 9월의 어느 날이었다. 버밍햄의 한 공원 묘지에서 장례식이 거행되었다. 장례식장에는 백인들의 모습은 거의 보이지 않았다.

묘지에는 네 개의 구덩이가 파져 있었다. 구덩이마다 작은 관이 하나씩 내려졌다. 유난히 맑은 가을 햇살이 좁은 구덩이에 놓인 관 위로 쏟아져 내렸다. 나뭇잎들이 잔바람에 살랑거리는, 여느 때와 다름없이 화창한 가을날이었다. 관 위로 흙이 떨어져 내렸다. 누구 한 사람 작은 울음소리조차 내지 않았다. 묘지에는 흙이 떨어지는 소리뿐이었다.

킹 목사는 검은 옷을 입은, 검은 사람들을 향해 입을 열었다.

"······ 여러분, 죽음은 끝이 아니라는 기독교적 확신으로 위안을 얻으시기 바랍니다. 죽음은 인생이라는 거대한 문장을 끝내는 마침표가 아니라, 보다 숭고한 의미를 부여하기 위해서 찍는 쉼표입니다. 죽음은 인류를 무의 상태로 이끄는 막다른 골목이 아니라, 인간을 영생으로 이끄는 활짝 열린 문입니다. 이런 담대한 믿음과 불굴의 정신으로 이 어려운 시기를 버텨 나가시기 바랍니다."

네 무덤의 주인은 인생을 아직 제대로 살아 보지도 못한 흑인 소녀들이었다. 소녀들은 버밍햄의 식스틴스 스트리트 침례교회에 있다가 목숨을 잃었다. KKK단이 교회에 다이너마이트를 터뜨린 것이다. 다이너마이트의 폭발로 스테인드 글라스에 새겨진 예수 그리스도 상도 산산조각이 났다. 사랑의 힘으로 자유를 되찾겠다고 나선 흑인들의 가슴도 그렇게 부서졌다.

"세상에, 교회 안에서 이런 일이 일어나다니! 우리가 안전하게 쉴 곳은 세상 어디에도 없구나!"

교회에 들어서서 아수라장이 된 장면을 본 한 여자가 부르짖었다.

KKK단의 보복은 계속되었다. 어린이 한 명이 큰 길에서 경찰에게 목숨을 잃었으며, 자전거를 타던 흑인 소년 한 명이 앙심을 품은 젊은이들에게 살해되었다. 승리의 기쁨에 환호하던 수많은 흑인들은 예상하지 못한 잔인한 상황에 절망했다. 킹 목사 역시 마찬가지였다. 그는 십자가 앞에 꿇어앉았다. 자신도 모르게 눈물이 흘러내렸다.

"주여, 폭탄이 아이들을 덮칠 때 주님은 어디에 계셨습니까! 아기 티도 채 벗지 못한 아이들을 왜 당신 곁으로 데려가십니까!"

킹 목사는 처음으로 하나님을 원망했다. 그는 며칠 동안 깊은 생각에 빠졌다. 하나님의 뜻이 과연 무엇인가. 어떻게 하는 것이 가엾게 희생된 아이들의 죽음을 헛되게 하지 않는 것인가.

'어떻게 해서든 안타까운 죽음이 더 이상 일어나지 않도록 해야 돼. 단 한 사람도!'

케네디 대통령이 버밍햄 운동 지도자들에게 면담을 요청했을 때, 킹 목사는 대통령이 이 문제를 해결해 줄 것이라고 믿었다. 킹 목사 일행은 부푼 기대를 안고 백악관에 가서 대통령을 만났다.

"존경하는 대통령 각하, 버밍햄은 지금 무질서 상태입니다. 흑인 사회는 엄청난 좌절과 혼란 속에 빠져 있습니다. 우리 흑인들은 어디서도 안전을 보장받지 못하고 있습니다. 거리를 걸을 때도, 집에 있을 때도, 심지어 교회에서까지 죽음이 언제 달려들지 몰라 불안에 떨어야 합니다."

킹 목사는 자신의 말 한마디 한마디가 흑인들의 미래에 끼칠 영향을 생각하면서 신중하게 말을 이어 나갔다.

"저희는 이제까지 비폭력주의 노선을 지켜 왔습니다. 그런데 흑인들의 희생이 이어지면서, 그것이 과연 옳은 것인지 비판이 일고 있습니다. 이 사태가 해결되지 않는다면 미국 역사상 가장 격렬한 인종 폭동이 일어날 것입니다."

그런데 지금까지 인종차별 철폐 운동에 호의적이던 케네디 행정부가 자신들의 편을 들어줄 것이라는 킹 목사의 기대는 완전히 빗나갔다. 정부에서는 아이들의 장례식에 최소한의 예의도 갖추지 않았던 것이다. 케네디 대통령은 과격한 반대 세력의 눈이 두려워 자신의 의지대로 행동하지 못했다. 킹 목사는 배신감에 온몸이 얼어붙는 것 같았다.

'우리들이 버밍햄에서 얻어낸 것들을 저들이 모두 무효화한다면, 우리들의 자유 쟁취 투쟁은 패배로 끝나게 된다. 그냥 이렇게 당할 수는 없다.'

킹 목사는 주먹을 부르쥐고 각오를 다졌다.

1963년 11월 22일 낮 12시 무렵, 케네디 대통령은 이듬해에 있을 대통령 선거에 대비하여 텍사스 주 댈러스 시를 방문했다. 오픈카를 타고 자동차 퍼레이드를 하던 케네디 대통령을 향해 세 발의 총알이 날아들었다. 텍사스 교과서 창고 빌딩에서 날아든 세 발의 총알 중 두 발이 대통령에게 명중되었다.

소련 방문 경험이 있는 오스왈드라는 사람이 용의자로 경찰에 체포되었으나, 그는 호송 도중 암살당했다. 오스왈드가 CIA나 FBI의 하수인이라는 설이 흘러나오고, 케네디 대통령을 저격한 다른 사람을 보았다는 증언자도 여럿 나왔다. 그러나 이 증언자들은 그 후 모두 의문의 죽음을 당했다. 결국 케네디 대통령 암살 사건은 의문에 휩싸인 채, 오스왈드의 단독 범행이라는 결론으로 막을 내렸다.

케네디 대통령의 죽음은 미국 사회에 큰 충격을 주었다. 수많은 사람들이 슬픔에 빠졌다. 정의의 실현과 경제적 복지, 그리고 평화를 기다리던 사람들은 안타까움에서 헤어나지 못했다.

케네디 대통령은 흑인 정책에도 개방적이고 협조적인 사람이었다. 그가 많은 것을 해결해 주리라고 믿고 있었으므로, 흑인 사회의 충격은 더 컸다. 미래는 불투명해졌다. 흑인들의 미래는 미궁 속으로 빠져드는 듯했다. 온 세계는 케네디 대통령의 암살 소식을 전하느라고 떠들썩했다.

킹 목사는 케네디 대통령의 죽음이 뜻하는 바를 사람들에게 말했다.

"지금 우리 사회에는 증오의 거센 바람, 폭력의 거친 폭풍이 휘몰아치고 있습니다. 서로 피부색이 다르다고, 서로 생각이 다르다고, 폭력이나 살인을 저지르는 일이 전염병처럼 번지고 있습니다. 우리는 폭력과 증오를 먹고 살게 되었습니다. 케네디 대통령의 죽음은 우리에게 중요한 사실을 말해 주고 있습니다. 우리의 핏줄 속에 퍼져 있는 증오의 바이러스를 제거하라고 말입니다."

킹 목사는 다시 한 번 '증오'라는 전염병의 무서움을 깨달았다. 그는 케네디 대통령 암살범이 누구인가는 중요하지 않다고 생각했다. 중요한 것은 폭력에 눈 감는 미국 사회의 도덕적 불감증이었다.

1963년은 암살의 해였다. 미시시피 주 잭슨 시에서 흑인 지도자 메드거 에버스가 암살되었고, 앨라배마에서는 윌리엄 무어가 암살되었으며, 버밍햄에서는 흑인 어린이 여섯 명이 살해당했다. 흑인들의 자유를 바라지 않는 자들의 짓이었다. 케네디 대통령은 몰랐을 것이다. 흑인들을 죽인 총구가 자신의 심장 또한 겨누게 되리라는 것을.

1963년 미국에는 폭력과 암살이 전염병처럼 퍼지고 있었다.

'이 전염병을 없앨 강력한 백신을 구해야 해.'

슬픔 속에서도 킹 목사의 머릿속은 바쁘게 움직였다.

거리에서 만든 법

플로리다 주에는 세인트 오거스틴이라는 아름다운 도시가 있다. 미국에서 가장 오래된 관광 도시이다. 관광객들은 햇빛을 받아 반짝반짝 빛나는 바다의 아름다움에 취해, 그 도시에서 흘러나오는 악취와 흑인들의 비명은 들을 수 없었다.

세인트 오거스틴은 비폭력 운동의 확산을 막기 위한 KKK단의 마지막 근거지였다. 인종차별주의자들이 밤낮을 가리지 않고 폭력을 휘두르는 세인트 오거스틴은 악명 높은 버밍햄과도 비교할 수 없는 참혹한 상황이었다. 그런데도 플로리다 주 당국은 이곳을 찾는 관광객들에게 좋은 인상을 주는 데에 온 신경이 집중되어 있었으므로, 흑인의 인권에는 그다지 신경을 쓰지 않았다. 정의보다 돈이 우선이었다. 그곳에서 하루하루 살아가는 일이 흑인들에게는 치욕이었다.

KKK단이 흑인 네 명을 납치하여 곤봉과 도끼자루와 개머리판으로 구타한 사건이 발생했을 때도 당국에서는 손을 놓고 있었다. 세인트 오거스틴 흑인들의 권리 보장을 위해 연방 지방법원 판사 브라이언 심슨이 나섰다. 이곳에서 브라이언 심슨은 공정하고 정의의 편에 선 유일한 사람이었다.

SCLC의 회장으로서 이 사건의 해결을 위해 세인트 오거스틴을 방문한 킹 목사는 여전히 '비폭력'을 주장했다. 폭력은 또 다른 폭력을 부른다는 것이 그의 한결같은 신념이었다. 버밍햄 소녀들의 희생으로 잠시 흔들렸던 그의 비폭력 원칙은 케네디 대통령 암살을 겪으면서 더욱 굳건해졌다.

킹 목사는 밤마다 흑인들과 함께, 온갖 욕설에 이어 끊임없이 날아드는 벽돌과 병들을 맞으며 행진을 계속했다. 그리고 낮에는 해변과 식당가, 노예시장으로 가서 노래를 불렀다. 자유를 향한 의지는 흑인들을 하나로 묶어 주었다. 그들은 폭력 앞에서도 주눅들지 않았다. 돌에 맞은 상처보다 더 아픈 것은 굴종의 상처라는 것을, 이제 그들은 깨달아 가고 있었다.

흑인 시위자들이 하나둘 체포되었다. 교도소는 300명이 넘는 시위자로 가득찼다. 그제야 세인트 오거스틴의 학대받던 흑인들에게 세상의 조명이 비치기 시작했다. 꿈쩍도 하지 않을 것 같던 당국에서 이 문제를 해결하기 위해 흑인들과 대화 창구를 마련했다. 주지사는 흑인과 백인이 공동으로 참여하는 위원회를 구성했다. 시위는 잠시 중단되었다. 세인트 오거스틴의 질서를 파괴하려는 것이 아니라는 것을 보여 주기 위한 결정이었다.

세인트 오거스틴 상황이 해결될 기미를 보이자, 킹 목사 일행은 각자의 곳으로 돌아가기 위해 짐을 꾸리고 있었다. 그때 누군가 숨을 헐떡거리며 달려왔다.

"시민권 법령이 국법으로 제정됐대요. 린든 존슨 대통령이 시민권 법령에 서명을 했답니다."

뜻밖의 반가운 소식에 일행은 서로 부둥켜 안았다. 수많은 흑인들이 길거리에서 주장했던 외침들이 마침내 법으로 제정된 것이다. 킹 목사 일행은 서로서로 축하 인사를 주고 받느라 짐을 싸는 일도 잊어버렸다.

상원 의회와 하원 의회는 '모든 인간은 평등하다'는 제퍼슨의 고귀한 진리를 확증하는 기념비적인 법령에 비준을 했다. 그리고 린든 존슨 대통령도 시민권 법령에 서명했다. 미국의 독립 기념일을 이틀 앞둔 1964년 7월 2일이었다. 그날 이후 흑인들도 투표권을 갖게 되었다. 진정한 미국 시민으로서 거듭난 것이다.

흑인도 백인과 동등한 미국 시민으로서 권리를 인정하는 시민권 법령은 제2의 노예해방 선언이라 할 만했다. 이것은 시민권 투쟁으로 얻어 낸 가장 중대한 성과였으며, 격렬한 산고를 견디고 태어난 법령이었다.

그 산고를 견디게 해 준 것은 수많은 시민들의 힘이었다. 버밍햄의 흑인 항거에서 죽음을 두려워하지 않았던 사람들, 아무 죄 없이 죽은 어린아이들, 감옥에서 온갖 고통을 겪으면서도 끝내 무릎 꿇지 않았던 사람들, 워싱턴 시가지를 가득 메웠던 사람들, 그리고 시민권을 옹호하다가 암살된 케네디 대통령……. 시민권 법령은 이 모든 사람들의 죽음과 희생으로 얻어진 것이며, 길거리로 뛰쳐나온 수많은 흑인들의 열망으로 얻어진 것이다.

킹 목사는 자신이 걸어온 기나긴 투쟁의 길을 생각했다. 그 길을 함께 걸었던 수많은 사람들이 떠올랐다. 늘 마음을 짓눌러 왔던 앳된 아이들의 얼굴도, 그 무덤에 뿌려지던 흙, 울음으로 터져 나오지 못한 슬픔도…….

'너희들의 죽음이 헛되지 않았구나. 얘들아, 하늘에서 지켜보고 있겠지?'

킹 목사는 눈시울을 붉히며 아이들의 영혼을 위해 기도했다.

하나님의 선물

"좀 쉬셔야 합니다. 그러다 쓰러지면 정말 큰일 납니다."

킹 목사는 이십 대 중반부터 자신이 필요한 곳이면 그곳이 어디든 죽음의 위협도 두려워하지 않고 달려가, 쉬지 않고 일을 해 왔다. 주위에서는 그가 건강에 신경을 쓰지 않는 것을 두고 늘 걱정했다.

1964년이 저물어 갈 무렵이었다. 킹 목사에게 잠시 쉴 수 있는 틈이 생기자, 사람들은 그를 병원에 입원시키고 정밀 진단을 받도록 했다. 그가 얼마나 중요한 사람인지, 그가 쓰러지면 흑인 인권 운동에 얼마나 큰 손실인지 모두들 알고 있었기 때문이다.

킹 목사가 검사를 마친 후 막 잠에 빠져들려는 참인데 전화벨이 울렸다. 아내 코레타였다.

"여보!"

코레타의 목소리가 평소보다 높았다.

'무슨 일이 있는 걸까. 요즘 너무 평화로운 게 어쩐지 이상하다 싶었는데……'

킹 목사는 잔뜩 긴장해서 몸을 일으켰다.

"무슨 일이오?"

"여보, 당신이 노벨 평화상 수상자로 결정됐대요."

킹 목사는 그 말을 듣고도 무슨 소리인지 감이 잡히지 않아 멍하니 앉아 있었다.

'내가 아직도 잠이 덜 깬 건가? 아니면 꿈을 꾸고 있는 건가?'

전화기에서 코레타의 떨리는 목소리가 흘러나오고 있었다.

"여보, 진심으로 축하해요!"

킹 목사는 아내의 축하 인사를 듣고서야 실감이 났다. 여러 가지 생각이 한꺼번에 떠올랐다.

'이 상은 나 개인에게 주는 상이 아니야. 자유와 평등을 위해 묵묵히 투쟁해 온 사람들 모두에게 주는 상이다. 그들이 이 상을 받아야 해.'

고작 35세의 흑인 인권 지도자 킹 목사가 1964년도 노벨 평화상을 수상한다는 소식은 전세계 사람들을 놀라게 했다. 갑자기 미국 흑인 운동에 세계의 눈과 귀가 집중되었다. 자유의 상징인 미국 같

은 나라에 인종차별주의가 존재한다는 사실을 알고 놀라는 사람들도 많았다.

드디어 12월 10일, 노르웨이의 수도 오슬로에서 노벨 평화상 시상식이 시작되었다. 박수 소리가 멈추지 않았다. 연단에 올라선 킹 목사는 박수 소리가 멈추기를 기다렸다. 아내와 눈이 마주쳤다. 아내의 얼굴에 남편에 대한 자부심과 사랑이 넘쳐흐르고 있었다.

킹 목사는 숨을 깊게 내쉰 다음 마음을 가라앉혔다. 그리고 차분한 목소리로 수상 소감을 말했다.

"지금 지구상에는 박격포가 터지고 총탄이 날아다니지만, 밝은 미래에 대한 희망이 있습니다. 정의는 지금 거리에서 부상당해 뒹굴고 있지만, 언젠가는 더러운 먼지를 털고 일어날 것입니다. 전 세계 사람들이 세 끼 식사를 평등하게 하고, 교육과 문화를 평등하게 누리고, 인간적 존엄과 자유를 평등하게 누릴 수 있는 날이 올 거라고 믿습니다. 언젠가는 비폭력이 폭력적인 전쟁을 이길 것입니다."

킹 목사는 벅차오르는 흥분을 애써 누르며 말을 이었다.

"지금 저는 인류에 대한 새로운 열정이 온몸에 퍼져 오는 것 같습니다. 평화와 인류를 사랑하는 모든 사람을 대신해서 이 상을 받겠습니다. 그리고 노벨 평화상 상금은 비폭력 운동의 발전을 위해 쓰겠습니다."

킹 목사는 눈물을 삼켰다. 지금의 자신을 있게 해 준 고마운 사람들이 떠올랐다. 특히 아내 코레타, 온갖 어려움을 겪으면서도 남편에게 힘든 내색 한번 하지 않은 헌신적인 아내였다. 남편의 수상 소감을 듣고 있는 코레타의 눈도 젖어 있었다.

노벨 평화상 수상은 킹 목사에게 세계적인 명성을 안겨 주었다. 그것은 흑인 전체의 명예이기도 했다.

세계적인 영웅으로 우뚝 선 마틴 루터 킹. 그의 말 한마디에 전세계가 귀를 기울였다. 그만큼 그는 대단한 영향력을 발휘했다. 그러나 그것은 킹 목사 개인의 영광과 영화를 위해 준비된 것이 아니었다. 그것은 전세계 사람들의 마음에 비폭력과 사랑의 힘을 심어 주라는 하나님의 크나큰 선물이었다.

끝나지 않은 싸움

1964년 시민권 법령이 통과되자 흑인들의 투쟁은 승리로 끝났다고 생각하는 사람들이 많았다. 하지만 미국 땅은 드넓었고, 흑백 차별주의자들의 저항은 끈질겼다.

앨라배마 주 셀마의 흑인들은 여전히 인간적인 대우를 받지 못했다. 흑인들의 투표권이 법으로 보장되었음에도 불구하고 셀마의 인종차별주의자들은 온갖 방법을 동원하여 저지하려 했다. 흑인들이 백인들과 똑같이 투표권을 행사하게 된다는 사실에 두려움을 느꼈던 것이다. 흑인들이 투표권을 갖게 되면 흑인들도 얼마든지 의회로, 행정부로 진출할 수 있다는 뜻이었다.

선거인 등록 사무를 담당하는 셀마의 공무원들은 일부러 업무 처리에 늑장을 부렸고, 제한된 시간과 장소에서만 등록을 받았다. 선거인 등록을 하기 위해서는 간단한 능력 테스트를 했는데, 의도적으로 어려운 내용을 테스트하여 흑인들이 떨어지도록 만들었다.

이 정도는 약과였다. 지방 정부에서 흑인들에게 공공연히 폭력을 휘두르는 일도 흔했다. 다양한 방해 공작 때문에 1만 5천여 명에 이르는 셀마의 투표권 자격자 중 단지 350명 만이 선거인 등록을 할 수 있었다.

셀마의 지방정부는 연방정부의 법을 따르려 하지 않았다. 헌법에 위배되는 지방 조례까지 만들어, 흑인들의 시위는 물론이고 일체의 집단 행동을 법적으로 금지했다. 기자들이 셀마의 한 보안관에게, 시위를 하다 붙잡혀 간 어떤 여자 피고인이 결혼했는지 물었다. 그러자 보안관은 버럭 화를 내었다.

"검둥이 년한테 미스니 미시즈니 하는 호칭을 붙이란 말이오?"

이것이 시민권 법령이 통과된 후의 셀마의 현실이었다. 양심적인 미국인들은 1964년 시민권 법령이 통과된 순간 힘든 투쟁은 끝났다고 안심했지만, 차별주의자들에게는 법조차 통하지 않았던 것이다.

킹 목사는 또다시 셀마로 달려갔다. 사람들은 셀마에서 몽고메리까지 행진할 계획을 세웠다. 몽고메리는 흑인들이 최초로 버스 안의 차별을 놓고 투쟁을 벌여 성공한 상징적인 도시였다.

킹 목사의 동료들은 그의 안전 문제를 놓고 걱정이 많았다.

"반대 세력이 지금 이성을 잃고 행동하고 있습니다."

"암살의 표적이 될 수도 있으니까 주일 행진에는 나가지 않는 것이 좋겠습니다."

그는 동료들의 조언을 따르지 않았다. 위험을 무릅쓰고 주일 행진 계획을 세웠다. 경찰과 반대 세력의 폭력을 참아 내며 행진을 평화적으로 이끌어야 했다. 자신이 나서지 않으면 시위대가 폭력으로 맞설 수도 있었다.

행진을 앞두고 킹 목사는 연설을 했다.

"저는 오늘 앨라배마 주 고속도로에서 죽겠다는 각오로 이 자리에 섰습니다. 여러분, 행진을 할 때 절대 흥분해서는 안 됩니다. 저들에게 맞는 것을 참을 수 없는 사람은 대열에 참가하지 마십시오. 매질을 참고 견뎌야만 우리는 중대한 일을 할 수 있습니다. 매질을 참고 견뎌야만 저들의 야만적인 행위가 세상에 드러날 것입니다. 매질을 참고 견뎌야만 우리는 앨라배마 주에서 자유를 얻을 수 있을 것입니다."

고속도로에는 시위대를 막기 위해 경찰관들이 긴 장벽을 만들고 있었다. 시위대는 한 걸음 한 걸음 그 장벽을 향해 걸어갔다. 그들이 경찰관들의 코앞까지 다가갔을 때였다.

"행진을 계속하면 공격하겠다!"

"뒤로 물러나라, 발포하겠다!"

'발포하겠다'는 마지막 경고가 들리자 킹 목사는 후퇴를 명령했다. 그 장면은 TV와 신문을 통해 전국에 퍼져 나갈 것이었다.

킹 목사는 법원으로 행진하는 도중 체포되었다. 노르웨이 국왕은 노벨 평화상 수상자가 상을 받은 지 60일도 지나지 않아 다시 투옥될 것이라고는 상상도 하지 못했을 것이다. 노벨 평화상 수상자의 투옥은 세계적 관심을 끌었다.

아름다운 미래를 향한 행진

1965년 3월 21일, 앨라배마 주 셀마에서 장엄한 행진이 시작되었다. 인적이 드문 계곡을 넘으면 지루한 언덕이 나왔다. 고속도로를 하염없이 걸어갈 때도 있었다. 가다가 편편한 바위를 만나면 거기 앉아서 쉬다 잠이 들기도 했다. 갑자기 비가 쏟아지는 바람에 비를 쫄딱 맞는 일도 있었다.

온종일 걷는다는 것은 생각보다 훨씬 힘들었다. 얼굴이 햇볕에 그을리고 발이 부르텄다. 그러나 수천 명의 사람들이 고통스러운 행진에 자발적으로 참가했다. 몸은 피곤하고 힘들었지만 정신은 투명하게 맑아지는 느낌이 들었다. 알 수 없는 기쁨으로 온몸이 충만했다. 몸이 힘들수록 참가자들의 마음에는 평화가 깃들었다.

붉은 앨라배마의 흙이 기쁨의 눈물로 촉촉하게 젖어 들었다. 총소리도 들리지 않았고, 돌멩이도 날아다니지 않았다. 창문이 깨어지는 일도 없었고, 욕설이나 고함 소리도 들리지 않았다.

마침내 행진이 끝났다. 몽고메리까지 온 것이다.

킹 목사는 전국에서 모여든 사람들에게 감동적인 연설을 했다.

우리는 전진하고 있습니다. 어떤 인종차별주의 세력도 우리의 전진을 막을 수 없습니다. 우리는 전진하고 있습니다. 우리들의 교회가 불타오른다고 해도 우리는 멈추지 않을 것입니다. 우리는 지금 전진하고 있습니다. 우리들의 집에서 폭탄이 터진다고 해도 우리는 중단하지 않을 것입니다.

우리는 지금 전진하고 있습니다. 우리들의 성직자와 청년들이 매맞아 죽는다 해도 우리는 돌아서지 않을 것입니다. 우리는 지금 전진하고 있습니다. 살인자들이 체포되었다가 다시 석방된다고 해도 우리는 용기를 잃지 않을 것입니다. 우리는 지금 전진하고 있습니다.

우리는 자유의 땅을 향해서 전진하고 있습니다. 흑인 빈민가가 없어지고, 흑인과 백인이 함께 안전하고 깨끗한 주택에서 나란히 살게 되는 날까지 행진을 계속합시다. 흑인과 백인이 같은 교실 안에서 나란히 공부하는 날까지 행진을 계속합시다. 자식을 먹이기 위해 굶는 부모들이 없어지는 날까지 빈곤에 대한 투쟁을 계속합시다.

우리 앞에 펼쳐진 길이 모두 평지는 아닙니다. 우리들을 쉽고 편안하게 데려다 줄 고속도로는 없습니다. 우리는 쉬지 않고 걸어가야 합니다.

우리는 백인들을 이기고 그들을 모욕하는 것을 목표로 삼아서는 안 됩니다. 우리의 목적은 평화로운 사회, 양심이 살아 있는 사회를 만드는 것입니다. 그것은 백인의 승리도 아니고, 흑인의 승리도 아닙니다. 바로 인간의 승리입니다.

승리를 하는 데 얼마나 걸릴까요?

얼마 남지 않았습니다. 거짓이란 영원히 살 수 없으니까요.

얼마나 걸릴까요? 얼마 남지 않았습니다. 누구나 뿌린 대로 거두는 법이니까요.

얼마나 걸릴까요? 얼마 남지 않았습니다. 도덕의 팔은 길지만 정의를 향해 구부러지게 마련이니까요.

얼마나 걸릴까요? 얼마 남지 않았습니다. 주님이 분노의 포도밭을 밟으면서 오고 계시니까요. 주님의 진실이 행진하고 있으니까요.

주님은 자신의 심판대 앞에 인간 양심을 앉히셨습니다. 나의 영혼이여, 어서 주님의 부름에 응답하라. 나의 발이여, 기쁨에 춤을 추어라. 우리의 주님이 행진하고 계시니!

몽고메리 행진이 끝난 직후, 비행기 이륙이 늦어져 시위자들은 공항에서 네 시간 이상을 기다려야 했다. 수천 명의 시위자들로 공항은 발 디딜 틈이 없었다.

공항에서 기다리던 킹 목사는 자신의 눈을 의심했다. 백인과 흑인, 사제와 수녀, 하녀와 점원이 함께 어울려 하나가 되어 있었던 것이다. 그 안에서 차별은 없었다. 어느 누구와도 친구가 될 수 있었다. 눈이 마주치면 서로 다정하게 미소를 주고 받았다. 상대가 누구든 이야기를 나눌 수 있었다. 남녀노소가 피부색을 떠나 친구가 되는 세상, 그것이 바로 킹 목사가 꿈꾸는 미래였다.

'미래의 인류는 저렇게 살고 있을 거야, 그 아름다운 미래를 향한 행진이 멈추지 않는 한.'

셀마에서 몽고메리까지의 행진을 지켜본 존슨 대통령은 의회에서 인권 문제에 관한 연설을 했다.

"전국의 양심을 흔들어 깨운 흑인들의 용기에 찬사를 보냅니다. 오늘 울리는 자유의 승전 나팔은 어떤 승리보다 값진 것입니다."

존슨 대통령은 흑인들의 시민권을 온전히 보장할 것을 주장했다. 셀마 투쟁은 완전한 승리로 끝을 맺었다.

6장

꿈을 가지고 사는 사람은
아름답다

절망의 몸짓

1965년 8월 중순의 어느 날, 킹 목사는 로스앤젤레스의 와츠 지역에 도착했다. 와츠는 여느 도시와 다를 바 없이 평온해 보였다. 그러나 며칠 동안 도시 전체를 뒤흔들었던 폭동의 흔적이 군데군데 남아 있었다.

며칠 전 밤새 화염과 연기를 피워 올렸던 폭동은 완전히 진압되었지만, 무장한 경찰관들이 아직도 시내 곳곳을 순찰하고 있었다. 숯더미가 된 와츠 상업 구역을 걸어다니는 사람들의 얼굴에서는 아직도 삭이지 못한 분노가 느껴졌다.

8월 11일부터 15일 사이, 4일에 걸쳐 벌어진 와츠의 인종 폭동으로 30명 이상이 사망했다. 와츠 지역에서는 흑인 운동가들조차

배척당하는 분위기였다. 그래서 킹 목사의 동료들은 그가 와츠로 가겠다고 나서자 모두 말렸다. 그러나 예전에 와츠의 대중 집회에서 따뜻한 환대를 받은 적이 있는 킹 목사는 사람들의 만류에도 불구하고 폭동이 막 진압된 와츠로 달려온 것이다.

남부와 북부의 상황은 전혀 달랐다. 남부에서 진행된 비폭력 운동은 와츠와 같은 북부의 흑인들에게는 아무 의미가 없었다. 사실상 북부의 흑인들은 남부 흑인들이 얻고자 하는 권리를 이론적으로는 이미 손에 넣은 상태였다. 문제는 가난이었다. 법적으로 아무리 권리가 보장되어 있다고 해도, 그 권리는 가난에 시달리는 북부의 흑인들에게는 그림의 떡이었던 것이다.

로스앤젤레스 흑인들의 실업률은 1920년대 말 대공황 때의 실업률을 넘어서고 있었으며, 인구 밀도는 전국 최대였다. 중산층 흑인과 흑인 지도자들이 와츠에서 환영받지 못하는 이유는 바로 그 때문이었다.

킹 목사를 보자 한 젊은이가 다가와 의기양양하게 말했다.

"우리는 이겼습니다!"

그러나 킹 목사는 인종 폭동을 통해 흑인들이 승리했다는 말을 믿지 않았다.

"우리가 이겼다니, 무슨 뜻으로 하는 말입니까? 서른 명이 넘는 사람들이 죽었습니다. 그 중에서 두 명을 제외하면 모두 흑인입니다. 그런데 우리가 이겼다니, 도대체 무슨 뜻으로 하는 말입니까?"

젊은이는 담담하게 대꾸했다.

"사람들의 관심을 끄는 데 성공했단 말입니다."

그제야 킹 목사는 와츠 폭동의 의미를 이해할 수 있었다. 폭동에 참가한 흑인들을 폭도로 몰아붙이는 선동적인 주장들이 많았지만, 이들은 폭도가 아니었다. 이들은 다만 벼랑 끝에 몰려서, '제발 우리들의 고통을 알아 달라'고 소리쳐 외쳤을 뿐이다.

폭동이란 참을 수 없는 상황에서 발생하는 법이다. 지도자도, 치밀한 조직도 없이 견디다 못해 터져 나온 폭동의 와중에 희생자가 발생했지만, 사실상 사망자들 대부분은 경찰관에게 희생되었다.

와츠에서 가장 필요한 것은 희망이었다. 실낱같은 희망의 빛이라도 볼 수 있다면 이들도 자포자기의 심정으로 폭력을 휘두르지는 않을 것이다.

킹 목사는 아직도 분노를 삭이지 못한 와츠의 흑인들에게 비폭력을 당부했다. 폭력은 반동적인 백인들의 저항을 강화시키고, 자유주의적인 백인들의 죄책감을 완화시키는 역할을 할 뿐이었다. 비폭력 투쟁만이 도덕적인 정당성을 확보하면서 권리를 쟁취하는 유일한 길이었다.

궁핍의 섬, 론데일

1966년, 킹 목사는 흑백 차별이 없는 질 높은 교육을 쟁취하기 위한 자신들의 투쟁을 지원해 달라는 시카고 흑인 지도자들의 요청을 받고 시카고로 갔다. 북부에 있는 시카고는 미국에서 두 번째로 큰 도시이다. 시카고의 문제들을 해결할 수 있다면 다른 어느 지역의 문제도 해결할 수 있을 것이다.

킹 목사는 가족과 함께 시카고 빈민 지역으로 이사했다. 그가 살게 된 아파트는 론데일 빈민가가 한눈에 내려다 보이는 곳이었다. 킹 목사는 아파트 창 밖을 내다보았다. 거리에서는 아이들이 놀고 있었다. 여느 아이들처럼 귀엽고 총명한 눈을 가진 아이들이었다. 하지만 그 귀여운 눈가에는 눈곱이 덕지덕지 붙어 있었고, 코에서는 누런 콧물이 흘러내렸다. 한눈에 보아도 영양 상태가 좋지 않은 것을 알 수 있었다. 이 가난한 아이들은 의료 혜택을 전혀 받지 못했던 것이다.

빈민가의 흑인 아이들은 부모가 일터에서 돌아올 때까지 거리에서 시간을 보내야 했다. 교육 같은 건 누구도 신경 쓸 겨를이 없었다. 부모들은 낮 근무가 끝나면 곧바로 또 다른 밤일을 하러 달려갔다. 아이들은 그야말로 들개처럼 길거리에 버려져 있었다. 부모의 보살핌도 받지 못한 채 시카고의 차가운 바람을 맞으며 뛰노는 아이들을 보는 킹 목사의 마음은 무거웠다. 세계 최고의 1인당 소득을 자랑하는 도시의 뒷골목은 이렇게 황량했다.

킹 목사가 시카고에 왔다는 소식이 알려지자 사람들이 찾아오기 시작했다. 시카고에서는 그동안 힘든 일을 겪어 온 킹 목사조차 믿기 어려울 만큼 상상조차 할 수 없는 끔찍한 일들이 일어나고 있었다. 어린 아이가 쥐들의 습격을 받았다는 이야기를 전해 듣는 날도 있었다. 일자리를 찾던 흑인 청년이 거리에서 살해당하기도 했다.

'대체 이 도시는 주민들에게 왜 이렇게 우울함과 절망을 안겨 주는 걸까?'

론데일 지역에 사는 흑인들은 턱없이 비싼 집세에 허덕여야 했다. 소비자물가도 다른 지역에 비해 비쌌다. 흑인들은 대부분 학력이 낮기 때문에 좋은 직장을 구하기도 쉽지 않았다. 허드렛일을 하고 적은 월급으로 살아가야 하기 때문에 몸은 고단하고 희망은 없었다. 가난의 쳇바퀴에서 빠져나갈 도리가 없어 보였다. 가난한 흑인들은 점점 공격적으로 변해 갔다. 그렇게라도 울분을 터뜨리지 않으면 견딜 수 없기 때문이었다.

사실 동부 지역의 흑인들이라고 해서 훨씬 나은 생활을 하는 것은 아니었다. 그러나 동부는 빈부 격차가 심하지 않아 흑인들의 불만이 적었다.

북부의 흑인들은 호사스럽게 살아가는 백인들을 지켜보면서, 희망 없는 자신들의 초라한 삶에 절망하지 않을 수 없었다. 특히 시카고의 론데일은 풍요의 바다에 떠 있는 궁핍의 섬이라 할 만했다.

론데일로 온 지 며칠이나 지났을까. 킹 목사의 아이들도 달라지기 시작했다. 쉽게 짜증을 내고 별것 아닌 일로 서로 싸웠다. 닭장같이 비좁은 아파트는 숨이 막혔다. 밖에 뛰쳐나가도 정서적으로 그들을 만족시킬 수 있는 것은 없었다. 좁은 거리에 수많은 자동차들의 경적 소리, 서로 밀치고 지나가는 사람들……, 그들의 얼굴에서는 웃음이 사라진 지 오래였다. 누구라도 건드리면 곧 주먹이 날아올 것 같았다. 시카고의 빈민들은 터지기 직전의 폭탄 같았다.

'이렇게 있을 때가 아니야. 빨리 무슨 수를 써야만 해.'

킹 목사는 마음이 급해졌다. 대중 집회를 하기로 했다. 그리고 여느 때와 다름없이 비폭력의 힘에 대해 열정적으로 연설했다. 그러나 사람들의 반응은 싸늘하기만 했다.

"쓸데없는 소리 집어치워!"

"그만 해!"

청년들이 그를 향해 화난 얼굴로 소리를 질러댔다. 수없이 연설을 해 왔지만 처음 있는 일이었다.

'저들이 나한테 왜 저러는 걸까? 10여 년 동안 내가 치른 고통과 희생은 무엇 때문이었는가!'

킹 목사는 비참한 심정으로 그곳을 떠났다. 오직 흑인들의 권리와 자유를 위해 싸워 온 이제까지의 삶이 허무했다. 이곳에서 가난한 이들과 함께 고통을 나누기로 한 자신의 생각이 부질없게 느껴졌다.

집에 돌아왔지만 킹 목사는 아무 일도 할 수 없었다. 그들의 고통까지 생각할 수가 없었다. 그들의 고통이나 절망을 헤아릴 여유도 없었다. 그는 한 번도 연설 도중 야유를 받은 적이 없었다. 반대 세력이나 백인들조차도 그가 연설할 때에는 경청했던 것이다.

자신의 지난 과거를 모두 부정하는 듯한 시카고 흑인들에게 실망한 킹 목사는 아내의 말을 듣고서야 정신이 번쩍 들었다.

"여보, 그 청년들이 왜 그랬을지, 무엇이 힘들었을지 생각해 봐요. 그들의 고통을 함께 겪겠다고 여기까지 온 거잖아요!"

바로 그 점이 문제였다. 킹 목사는 흑인이었지만 굶주려 본 적은 없었다. 굶주림보다 흑인으로서 무시당하는 것이 언제나 가장 큰 괴로움이었다. 그러나 시카고의 흑인들은 인간의 자존심이니 자유니 하는 그럴싸한 말보다 당장 먹고 살 문제가 더 급했던 것이다.

평생 가난에 허덕여 온 그들에게는 실낱같은 희망조차 남아 있지 않았다. 그들은 백인 사회와 미국을 믿으라는 말에 분통이 터졌던 것이다. 먹고 살기도 버거운데 핑크빛 미래라니. 그들에게는 킹 목사의 말이 뜬구름 잡는 소리로밖에 들리지 않았을 것이다.

시카고 빈민들의 끓어오르는 분노는 폭동을 불러왔다. 폭력은 더 큰 폭력을 불러왔다. 시카고는 아수라장으로 변했다.

그러나 킹 목사는 비폭력의 원칙을 지켰다. 그는 비폭력주의의 규율을 잘 따르는 2,000여 명의 청년들을 훈련시켰다. 훈련이란 별다른 게 아니었다. 매를 맞고도 대들지 않고 참아 내는 훈련이었다.

화염병도 벽돌도 권총도 없이, 킹 목사가 이끄는 시위 군중은 맨몸으로 백인 지역의 부동산 중개소 앞을 찾아다니며 '주거의 자유를 보장하라'고 주장했다. 시위 행렬이 백인 구역을 지날 때면 병과 벽돌이 날아들었고, 주먹이 날아드는 일도 잦았다. 우박처럼 쏟아지는 돌멩이와 벽돌 세례를 받으며 시위 행렬은 불타는 자동차들 사이로 행진했다. '시카고 행진' 동안 시위 참가자 중에서 폭력에 폭력으로 맞선 사람은 단 한 명도 없었다. 그동안 킹 목사가 전파해 온 비폭력 운동이 사람들을 이렇게 변화시킨 것이다.

'처음부터 폭력적인 사람은 없어. 자기 안에 있는 화를 그런 방법으로밖에 해결할 수 없었던 거야.'

킹 목사의 믿음은 술과 싸움으로 하루하루를 보내던 빈민지역 흑인들을 바꾸어 놓았다. 이제 흑인 빈민들은 절망의 늪에서 빠져 나왔다. 그리고 희망의 빛을 따라 행진하고 있는 것이다. 킹 목사의 비폭력 원칙에 반대하던 흑인 폭력 단원들도 조금씩 비폭력 시위에 참여하기 시작했다.

그해 여름, 시카고 비폭력 행진 운동은 시위와 협상을 통해 주거의 자유 면에서 어느 도시에서도 거둔 적이 없는 큰 성과를 거두었다.

우린 승리하리라

시카고 당국은 주거의 자유 협약을 이행하지 않았다. 흑인 사회는 불만으로 다시 들끓어 올랐다. 정상에 다다랐다고 생각했는데 발 밑은 낭떠러지였다. 한 발만 잘못 디디면 원점으로 되돌아갈 수밖에 없었다.

"처음 시작할 때의 열정과 신념을 떠올려 봅시다. 아직 늦은 것이 아닙니다. 저들의 악을 세상에 알립시다. 비폭력주의는 우리에게 새로운 승리를 가져다 줄 것입니다."

시카고에서는 다시 비폭력 행진이 시작되었다.

한편 그해 6월 6일, '미시시피 자유 행진'을 지휘하던 메레디스가 총에 맞는 사건이 일어났다. 메레디스는 미시시피 대학 최초의

흑인 학생으로, 미시시피 주에서 흑인 투표를 권장하기 위한 '공포에 대항한 행진'을 이끌어 온 사람이었다.

애틀랜타에서 SCLC 집행부 회의를 진행하던 킹 목사는 머릿속이 하얘지는 것 같았다. 모두 할 말을 잃고 앉아 있었다.

"흑인 목숨을 파리 목숨으로 여기는 거야. 어떻게 이럴 수가 있어, 대낮에!"

"행진을 계속해야 합니다."

"그렇소. 행진을 중단하면 미시시피 흑인들의 공포심은 더욱 심해질 것입니다."

미시시피 자유 행진은 다시 시작되었다. 그것이 부상당해 병원에 누워 있는 메레디스의 뜻이기도 했다.

찌는 듯한 더위 속에서 킹 목사와 시위 행렬은 구불구불한 고속도로를 걸어갔다. 아스팔트에서 뜨거운 열이 올라와 숨이 턱턱 막혔다. 한 청년이 땀을 닦으며 그에게 말했다.

"백인 놈이 나를 건드리면 이젠 참지 않겠습니다. 실컷 패 버리겠습니다."

옆에서 다른 청년이 그 말을 받았다.

"나도 이제 비폭력주의에 따르지 않을 것입니다."

거짓 약속을 일삼고 흑인을 때려도 아무 처벌도 받지 않는 분위기에서 비폭력주의는 힘을 잃어 가고 있었다. 그러나 킹 목사는 비폭력주의라는 자신의 원칙을 바꿀 수 없었다. 누가 뭐라고 해도 비폭력주의는 그가 끝까지 지켜야 할 신념이었다. 흑인 사회를 증오심으로 가득 차게 내버려 두어서는 안 되었다. 무슨 수를 써서라도 폭력을 사용하지 못하도록 막아야겠다는 생각 때문에 킹 목사는 마음이 무거웠다.

시위대는 행진을 멈추고 '우린 승리하리라'라는 노래를 불렀다. 노래는 우렁차게 고속도로로 퍼져나갔다.

"우린 승리하리라, 우린 승리하리라!"

킹 목사 옆에서 우렁찬 목소리로 노래하던 한 청년이 '흑인과 백인과 함께'라는 대목에서 갑자기 입을 다물었다.

"왜 노래를 부르지 않습니까?"

청년은 흥분한 목소리로 말했다.

"백인과 함께, 하는 따위의 노래는 앞으로 다시는 부르지 않을 겁니다. 이제 새로운 시대가 왔습니다."

킹 목사에게는 청년의 말이 낯선 외국어처럼 들렸다. 실망은 좌절을 낳고, 좌절은 원한을 부르며, 원한은 맹목적이라는 사실을 킹 목사는 그제야 깨달았다.

백인과 함께 하지 않겠다는 청년의 마음은 그 한 사람만의 것이 아니었다. 거짓된 약속과 계속되는 백인들의 폭력에 지친 흑인 지도자들의 마음에도 깊은 원한이 자리잡았다. 자기를 지키기 위한 폭력은 정당하다고 주장하는 사람도 생겨나고, 비폭력 원칙이 행진 참여의 전제 조건이 되어서는 안 된다고 주장하는 사람도 생겼다.

백인들이 행진에 참가하는 것도 꺼리는 사람들이 많았다. 시위에 참여하는 백인들을 환호성으로 맞아 주던 남부의 투쟁과는 사뭇 달라진 것이었다. 그러나 킹 목사는 인종적 정의를 위해 고통당하고 피를 흘리며 죽어 간 헌신적인 백인들의 희생을 잊을 수 없었다. 오늘날 흑인들이 내디딘 위대한 걸음에는 그런 백인들의 피와 땀과 목숨이 새겨져 있는 것이다.

킹 목사는 행진하는 기간 내내 밤을 새다시피 하며 동료들을 설득했다. 결국 미시시피 행진 지도부는 연합 기자회견을 통해, '비폭력주의 원칙을 굳게 지킬 것이며 백인들의 참여를 환영한다'는 생각을 밝혔다.

외로운 선택

머나먼 나라 베트남과 벌인 전쟁은 쉽게 끝나지 않았다. 여러 나라의 젊은이들이 전쟁터에서 이유도 모른 채 죽어갔다. 킹 목사는 자신의 생각을 밝히는 문제를 두고 고민에 빠졌다.

사태는 더욱 나빠지고 있었다. 수많은 사람들을 죽이면서도 '전쟁'이라는 이름으로 정당화하는 것을 두고 볼 수가 없었다. 정부에서는 말로만 평화라는 약속을 하면서 전쟁을 계속하고 있었다. 미친 전쟁은 미국 국민 모두를 미치게 만든 것 같았다. 흑백 평등을 주장하는 이도, 종교단체도 모두 한 목소리로 전쟁의 정당함을 주장했다. 그 소리를 듣고 가만히 있는 일이 괴로웠다. 그는 양심의 소리에 귀를 기울이기로 했다.

킹 목사는 모든 활동을 중단했다. 그리고 베트남전쟁에 대해 어떤 행동을 할 것인가를 두고 깊은 고민에 빠졌다.

그러던 어느 날, '베트남의 아이들'이라는 기사를 읽고 있던 그는 어디선가 이런 소리가 들리는 것 같았다.

"마틴 루터 킹, 반드시 이 문제를 이야기해야 한다."

자신의 마음 속에서 울려오는 소리였다. 그는 벌떡 일어섰다.

'미국인의 영혼을 파괴하고 베트남의 수많은 어린이를 죽음으로 내모는 전쟁은 옳지 않다. 나는 이제 침묵하지 않겠다. 인생을 살아가다 보면 혼자서 가야 할 때도 있다. 나 외에는 이 일을 할 사람이 없다면 혼자서라도 해야 한다.'

결단을 내리고 나자 킹 목사는 마음이 한결 가벼웠다. 어려운 일이 생기더라도 신념을 좇아 양심을 지키며 살아가는 일, 그것이 진실한 삶일 것이다.

연설을 통해, 신문 인터뷰를 통해 킹 목사는 자신의 생각을 솔직하게 이야기했다. 전쟁의 부당함을 주장하고, 미국은 하루빨리 전쟁을 중단하라고 했다. 그러자 염려했던 대로 오랫동안 흑백 차별 철폐 운동을 함께 해 온 주위 사람들의 눈빛조차 차가워졌다.

"킹 목사, 왜 전쟁 문제까지 끼어드는 겁니까? 그렇게 해서 우리가 얻을 게 무엇입니까?"

이제껏 눈빛만 봐도 서로의 생각을 알 수 있었던 동지들이었다.

그는 자신의 생각을 이해하지 못하는 동지들 때문에 괴로웠다. 앞으로도 먼 길을 함께 가야 할 동지들과 다투는 것도 견딜 수 없는 고통이었다. 그렇다고 마음 깊숙한 곳에서 울리는 양심의 소리에 귀를 막을 수는 없었다.

그는 지금까지 부당한 인종차별에 침묵하는 사람들을 비겁하다고 혹독하게 비판했다. 그런 그가 극동의 베트남에서 미국이 저지르고 있는 파괴 행위에 눈 감는다면, 그 역시 비겁한 사람이 되고 말 것이다.

신문들은 양심의 길을 선택한 킹 목사를 일제히 비판하고 나섰다. 그를 따르던 많은 흑인들도 그에게서 등을 돌렸다.

"킹 목사님, 많은 사람들이 목사님께 실망하고 있습니다. 남부 기독교 지도자 협의회의 재정에도 큰 타격을 줄 것 같습니다. 이렇게 공개적으로 이야기하시지 않는 게 좋을 것 같습니다."

이렇게 간곡하게 부탁하는 이도 있었다.

양심을 지키며 산다는 것은 참으로 힘겨운 일이었다. 킹 목사는 인생에서 가장 힘든 터널을 지나는 중이었다. 악몽과 같은 전쟁이었다. 그는 돌멩이를 맞을 각오를 하고 젊은이들에게 호소했다.

"저는 제가 징병 대상이었으면 좋겠습니다. 저는 베트남전쟁에 나아가 싸우느니 차라리 감옥에 가는 쪽을 택하겠습니다. 저는 청년들에게 진심으로 부탁하고 싶습니다. 이 전쟁이 부당하다고 생각한다면 전쟁터에 나가지 마십시오. 감옥에 가는 것이 전쟁터에 나가 사람을 죽이는 것보다 낫습니다."

킹 목사가 선택한 길은 외로운 길이었으나 양심의 길이었으며, 의로운 길이었다.

예수의 뒤를 따라

킹 목사의 관심은 가난의 문제로 옮겨 갔다. 북부의 흑인 문제에 부닥쳤을 때부터 그는 가난이 흑백 문제보다 더 본질적인 차별을 낳는다는 것을 깨달았던 것이다. 가장 부유한 나라 미국에서도 가난은 가장 큰 골칫거리였다. 흑인들 대부분이 가난하다는 점에서, 가난과의 싸움은 흑백 문제를 해결하는 또 한 가지 방법이기도 했다.

1967년 SCLC에서는 빈민 문제를 해결해 줄 것을 요구하는 워싱턴 행진을 계획했다. 정부에서 강력하게 탄압을 하면 당당하게 맞설 생각이었다. 미국의 빈민들은 더 이상 잃을 것이 없었다. 정부가 빈곤 문제를 해결하려는 적극적인 노력을 보일 때까지 비폭력 행진을 계속할 예정이었다.

'직업과 수입 쟁취 운동'이라고 이름 붙인 워싱턴 시위가 예정되고 나서 킹 목사는 한 주 동안 무려 서른다섯 번이나 연설을 했다. 그는 그로스 포인트, 디트로이트, 로스앤젤레스를 거치면서 쉬지 않고 연설했다.

킹 목사는 1968년 3월 18일, 멤피스로 향했다. 멤피스에서는 1,300여 명의 청소원들이 파업을 하고 있었다. 시 당국이 청소원들을 공정하고 성의 있게 대하지 않은 탓이었다. 청소원들은 물론 전원 흑인이었다. 청소원 파업은 흑인이 단결할 수 있다는 사실, 흑인은 모두 같은 공동운명체라는 사실을 알려 주고 있었다. 파업을 하는 청소원들 앞에서 킹 목사는 있는 힘을 다해 연설을 했다.

인생에서 가장 큰 고통은, 끝낼 수 없는 일을 끝내려고 끊임없이 노력하는 것이라고 생각합니다. 이룰 수 있는 꿈은 그렇게 많지 않습니다. 꿈을 이룰 수 없다고 깨닫는 순간이 얼마나 많습니까?

인생은 깨어진 꿈 조각들로 이루어져 있는지도 모릅니다. 마하트마 간디는 몇십 년 동안 민족의 독립을 위해서 노력했습니다. 그러나 힌두교와 이슬람교 사이의 갈등으로 인도는 인도와 파키스탄으로 갈라졌습니다. 조국의 분열을 지켜봐야 했던 간디는 끝내 암살당하고 말았습니다. 사도 바울은 스페인에 가서 복음을 전하는 것이 꿈이었습니다. 하지만 스페인에 닿기 전에 로마의 감옥에서 죽었습니다. 인생은 이런 것입니다.

우리는 꿈이 이루어지는 것을 끝내 보지 못할 지도 모릅니다. 하지만 꿈을 현실로 만들려는 열망이 가득한 삶은 훌륭합니다. 마음 속에 꿈을 간직하고 있다는 것 자체가 유익한 것입니다.

킹 목사는 사회주의자는 아니었다. 그래서 그는 혁명을 주장하지 않았다. 그러나 사실상 그가 한 일은 혁명이었다. 칼 마르크스의 영향을 받은 것은 아니다. 예수는 마음의 상처를 지닌 사람들을 치유하고 가난한 사람들의 문제를 해결하라는 성령의 부르심을 받았다. 그는 다만 예수 그리스도의 뒤를 따랐을 뿐이다. 어린 시절, 그가 에베니저 교회에서 불렀던 블루스 풍의 찬송가처럼.

마침내 자유, 자유다

1968년 4월 4일 저녁, 킹 목사는 로레인 호텔의 계단 난간에 기댄 채 동료인 애버내시 목사가 나오기를 기다리고 있었다. 킹 목사 일행은 멤피스에서 활동하는 사뮤엘 카일즈 목사의 저녁 식사 초청을 받고 가려는 길이었다. 출발하기 전에 면도를 하다가 벤 상처가 따끔거려 로션을 바르러 호텔 방으로 돌아갔던 에버내시 목사가 막 로션을 바르려는 순간, 밖에서 라이플 총소리가 들려 왔다. 에버내시 목사는 어제 킹 목사가 했던 연설의 마지막 부분을 떠올렸다.

나에게 암살 위험이 있다는 이야기는 전부터 있었습니다. 앞으로 어떤 일이 나를 기다리고 있는지 모릅니다. 나는 그런 위험에 대해서는 관심이 없습니다. 죽음이 기다리고 있다고 해도 두렵지 않습니다. 저도 남들처럼 오래 살고 싶습니다. 꿈이 이루어지는 모습을 보고 싶기도 합니다. 그러나 지금 나는 그런 것에 신경을 쓸 겨를이 없습니다. 나는 이미 정상에 올라 있습니다. 나는 정상에 올라서 약속의 땅을 볼 수 있었습니다. 우리 국민들도 그 약속의 땅에 도착할 것입니다. 나는 오늘 밤 더없이 행복합니다. 저에게는 아무런 두려움도 없습니다. 어느 누구도 두렵지 않습니다.

가끔 모든 인간은 죽음이 닥쳐올 순간을 늘 의식하고 있다는 생각을 할 때가 있습니다. 나는 나의 죽음과 장례식에 대해서 생각하곤 합니다.

나는 그날이 오면, 마틴 루터 킹 2세는 자신의 인생을 남을 돕는 데 바치려고 노력했다는 말을 듣고 싶습니다.

그날이 오면, 마틴 루터 킹 2세는 누군가를 사랑하려고 노력했다는 말을 듣고 싶습니다.

그날이 오면, 전쟁 문제에 대해서 올바른 태도를 가지려고 노력했다는 말을 듣고 싶습니다.

그날이 오면, 굶주린 사람들을 배불리 먹이려고 노력했다는 말을 듣고 싶습니다.

그날이 오면, 일생 동안 헐벗은 사람들에게 입을 것을 주려고 노력했다는 말을 듣고 싶습니다.

그날이 오면, 일생 동안 감옥에 갇힌 사람들을 만나려고 노력했다는 말을 듣고 싶습니다.

그날이 오면, 내가 인류를 사랑하고 인류를 위해 봉사하려고 노력했다는 말을 듣고 싶습니다.

나를 군악대장으로 부르고 싶다면 정의를 알리는 군악대장, 평화를 알리는 군악대장, 평등을 알리는 군악대장이라고 불러 주십시오. 나는 죽은 뒤에 한 푼도 남기지 않을 것입니다. 나는 죽은 뒤에 멋지고 화려한 재물들도 남기지 않을 것입니다. 하지만 나는 죽은 뒤에 헌신적인 인생을 남기고 싶습니다.

내가 지나가는 길에 누군가를 도울 수 있다면, 노래나 말로 누군가의 용기를 북돋울 수 있다면, 누군가에게 옳지 않은 길을 가고 있다고 말해 줄 수 있다면 나의 삶은 헛되지 않은 것이 될 것입니다.

내가 기독교인의 의무를 다할 수 있다면, 이 세상의 영혼을 구원할 수 있다면, 하나님의 가르침을 전할 수 있다면 나의 삶은 헛되지 않은 것이 될 것입니다.

킹 목사의 연설은 어쩐지 본인의 조사를 읽고 있는 듯했다.

에버내시 목사는 불길한 생각을 떨쳐 버리려고 머리를 흔들며 한달음에 달려 나갔다. 그의 눈앞에서 킹 목사가 뒤로 쓰러졌다. 킹 목사는 위를 보고 쓰러진 채 움직이지 않았다. 목에서는 피가 콸콸 흘러내리고, 바른쪽 턱은 완전히 바스라져 있었다.

곧바로 구급차가 들이닥쳤고, 킹 목사는 병원으로 옮겨졌다. 그가 실린 들것이 세인트 조세프 병원의 응급실에 도착한 것이 오후 6시 15분, 그로부터 정확하게 한 시간 후 의사들이 킹 목사 일행을 불러들였다.

"오후 7시, 마틴 루터 킹 목사는 목 부분의 총상 때문에 응급실에서 사망하였습니다."

킹 목사가 멤피스에서 남긴 마지막 연설은 죽음을 예감한 가장 슬픈 연설로 아직도 기억되고 있다.

킹 목사가 암살된 직후 북동부의 각 도시에 지급될 빈곤 추방 예산이 보류되었다. FBI 출신인 댄 스무트는 '마틴 루터 킹은 공산주의자나 변태 성욕자와 내통하고 있었으며, 미국을 위한다는 그의 계획은 공산주의자들의 것과 똑같다'고 공공연히 떠들었다.

FBI는 북부 출신의 백인 제임스 얼 레이를 암살범으로 지목했다. 그러나 킹 목사를 죽인 것은 백인이 지배하는 미국이었다. 스토우클리 카아마이클이라는 사람은 기자 회견에서 수많은 흑인들을 대변하여 다음과 같이 말했다.

"백인의 미국은 어젯밤 킹 목사를 죽임으로써 우리들에게 선전

포고를 했습니다. 그러나 킹 목사를 죽임으로써 백인의 미국은 싸움에서 졌습니다. 이 나라 모든 흑인들의 눈을 뜨게 만들었기 때문입니다. 킹 목사는 우리 흑인들 가운데 처음으로 백인들에게 사랑과 동정과 자비를 베풀라고 가르친 분이었습니다."

킹 목사가 암살된 직후 워싱턴과 시카고를 비롯한 미국 내 130개 도시에서 흑인들의 폭동이 일어나 다섯 명이 죽고 1억 3천만 달러에 이르는 재산 피해가 발생했다.

폭동은 일주일이나 계속되었다. 무덤 속의 킹 목사는 기뻐하지 않을 소식이었겠지만, 정신적 지도자를 잃은 흑인들은 그런 방법으로 슬픔과 분노를 표현할 수밖에 없었다.

멕시코에 머무르고 있다가 킹 목사의 암살 소식을 들은 소련의 시인 예프게니 예프센코는 다음과 같은 시를 남겼다.

그는 흑인이었으나

그 마음은 흰눈처럼 고왔다.

그는 검은 마음의 백인에게 사살되었다.

이 소식을 들었을 때

그를 죽인 탄환은

내 가슴에도 들이박혔다.

그러나 그를 죽인 탄환은

나를 새 사람으로 만들었다.

나는 흑인으로 바뀌어 태어난 것이다.

아마 암살 소식을 들은 모든 흑인, 자유를 사랑하는 모든 사람들의 마음이 그러했을 것이다. 한평생 사랑의 힘을 세상에 전파하고, 한평생 흑인 동포의 불침번이기를 자처했던 마틴 루터 킹의 묘비에는 이렇게 적혀 있다.

"마침내 자유, 자유다. 마침내 나를 자유롭게 하신 신을 찬미하라."

작가의 말

사소한 것이 세상을 변화시킨다. 수백 년 동안 지속되어 온 프랑스의 왕정을 종식시킨 1789년 프랑스 혁명의 출발은 "백성들이 왜 굶지요? 빵이 없으면 케이크를 먹으라고 하세요."라는 왕비 마리 앙투아네트의 한마디였다. 미국이 독립한 이후 이백여 년 동안 지속된 흑백 차별을 종식시킨 거대한 움직임은 1955년, 백인 전용 좌석이니 일어나라는 백인의 말을 거역하고 계속 그 자리에 앉아 있었던 흑인 여성 로사 파크스로부터 비롯되었다. 물론 그 사소한 것들은 단순한 사소함이 아니었다. 그전까지 프랑스 백성들이나 미국의 흑인들은 참을 만큼 참아 왔다. 참고 참던 분노와 슬픔이 그 사소한 말이나 사건들로 인해 홍수에 댐이 넘치듯 터져 나왔을 뿐이다.

사람을 가장 힘들게 하는 것은 가난이나 육신의 고통이 아니다. 사람은 인간 대접을 받지 못할 때 가장 슬프다. 지구상 대부분의 나라가 자유 민주주의 국가라고 하지만 아직도 사람은 평등하게 대접받지 못하고 있다. 19세기의 프랑스 백성들처럼, 20세기 중반의 미국 흑인들처럼.

흑인 인권 운동에 앞장섰던 마틴 루터 킹은 1963년, 20만 명이 모인 워싱턴 행진에서 이렇게 말했다.

"나에게는 꿈이 있습니다. 내 아이들이 피부색을 기준으로 사람을 평가하지 않고 인격을 기준으로 사람을 평가하는 나라에서 살게 되는 꿈입니다."

그의 꿈은 이루어졌을까? 미국의 제44대 대통령 버락 오바마는 미국 최초의 흑인 대통령이다. 흑인도 대통령이 되는 세상이 되었으니 킹의 꿈이 어느 정도는 이루어진 것 같다. 그러나 21세기인 지금도 세상에는 수많은 차별이 존재한다. 여자라는 이유로, 피부가 검다는 이유로, 가난하다는 이유로, 심지어 아름답지 않거나 날씬하지 않다는 이유로 사람이 사람을 무시하고 모욕한다. 동등한 기회도 주어지지 않는 경우가 많다.

사람은 피부가 검든 희든, 돈이 많든 적든, 아름답든 못생겼든, 키가 크든 작든, 날씬하든 뚱뚱하든, 누구나 똑같이 고귀한 존재이다. 피부색이나 외모가 어떻든 사람은 인격적으로 대우받아야 하고, 동등한 기회를 부여 받아야 한다. 피부색이나 외모는 자신이 노력해서 얻을 수 있는 게 아니기 때문이다. 그것은 선택이 아닌 우연에 의

해 얻어진 것이기 때문이다.

　인간은 동물이지만 동시에 동물이 아니다. 인간은 인간적 품위를 지키기 위해 동물적인 욕망조차 조절할 수 있는 이성적 존재이기 때문이다. 뚱뚱하다고, 노스 페이스 점퍼를 입지 않았다고 사람을 무시하는 것은 비이성적 태도이며, 인간에 반하는 태도이다. 무시당하고 모욕당하는 것만큼 큰 슬픔이 없다. 그런 슬픔은 절대 그냥 사라지지 않는다. 쌓이고 쌓여 언젠가 마침내 무시무시한 해일로 밀려온다. 그렇게 해서 인간은, 인간의 사회는, 변화하고 발전한다. 2세기 전까지 소나 말 같은 대접을 받으며 묵묵히 일만 하던 흑인들이 노예에서 해방되고 참정권을 획득했으며, 흑백 차별을 철폐했고, 마침내 흑인 대통령을 탄생시켰다. 인권의 확대가 곧 역사의 발전인 것이다.

　산에 가면 굴참나무, 산목련, 아까시나무, 감나무, 밤나무 등 온갖 나무들이 서로 어우러져 살아간다. 큰 나무 아래에는 작은 나무가 자라고, 작은 나무 아래에는 풀들이 자란다. 그리고 그 풀 속에는 온갖 벌레들이 살고 있다. 이처럼 각기 다른 것들이 모여 숲을 이룬다. 숲이 아름다운 것은 그 다양함 때문이다. 큰 나무라고 작은 나무를 얕보지 않으며, 예쁜 꽃이라고 소박한 꽃을 얕보지 않는다. 소박한 꽃에는 오히려 꿀이 많아 벌과 나비가 더 많이 모여든다. 좋고 나쁜 것은 없다. 다만 다를 뿐이다. 다르기 때문에 세상은 더 넓고, 인생은 더 살 만한 것이 된다.

　나에게도 꿈이 있다. 다른 모든 것들이 그 가치를 인정받는 나라
에서 살게 되는 꿈이다.

마틴 루터 킹 연보

1929년	1월 15일 애틀랜타 5번가에서 출생.
1944년	모어하우스 대학에 입학.
1945년	에브뉴 침례교회에서 목사 취임식을 가짐.
1948년	모어하우스 대학에서 박사 학위 수여.
1951년	크로저 신학교에서 신학박사 학위 수여.
1954년	앨라배마 주 덱스터 교회 목사 취임.
1955년	보스턴 대학에서 신학박사 학위 수여.
	몽고메리 진보연합 회장으로 선출(MIA).
1956년	킹 목사의 자택이 폭파하는 사건 발생. 마틴 5마일 과속으로 체포 구금. 몽고메리 버스 보이콧 시작. 연방 최고 법원이 버스 내 흑백 분리 법률 위헌 선언. 몽고메리 버스 보이콧 종료. 흑백 통합 버스에 최초로 승차.
1958년	뉴욕 할렘에서 칼에 찔리는 사건 발생.
1959년	가족들과 함께 인도로 떠남.
1960년	런치 카운터 연좌 운동 시작. 레이즈빌 교도소에 수감되었다가 당시 대통령 후보였던 존 F. 케네디의 도움으로 석방

됨. 그해 대통령 선거에서 흑인의 압도적인 지지를 받아 존 F. 케네디가 대통령에 당선됨.

1963년 버밍햄 기독교 인권 운동 전개. 워싱턴에서 '나에게는 꿈이 있습니다.'라는 첫 마디로 연설함. KKK단의 보복을 당함. 케네디 대통령 암살.

1964년 말콤 엑스, 할렘에서 암살당함. 시민권 법령 제정으로 흑인들이 투표권을 갖게 됨. 노벨 평화상 수상.

1965년 앨라배마 주 셀마시 투표권 쟁취를 위한 시위를 벌임. L.A. 와츠지역 폭동 발생.

1966년 도시 빈민 개혁 운동을 위해 시카고 빈민가로 이주.

1967년 베트남전 반대 연설로 파문. 시카고 빈민 탈출 운동 시작.

1968년 중단된 시위행진을 주도하기 위해 멤피스로 떠남. 그곳에서 최후의 연설을 함. 로레인 호텔에서 암살당함.

마틴 루터 킹 인권 운동의 희망

© 정지아, 2005

초　판　1쇄 발행일　2005년 5월　6일
개정판　1쇄 발행일　2012년 1월 26일
　　　　12쇄 발행일　2025년 11월 1일

지은이　　정지아
펴낸이　　강병철
펴낸곳　　더이룸출판사
출판등록　1997년 10월 30일 제1997-000129호
주소　　　서울시 마포구 양화로6길 49
전화　　　편집부 02)324-2347　경영지원부 02)325-6047
팩스　　　편집부 02)324-2348　경영지원부 02)2648-1311
이메일　　jamoteen@jamobook.com

ISBN 978-89-5707-150-2 (44990)